Das Weltknäuel Mensch

Günter Dobler

Das Weltknäuel Mensch

über den Zusammenhang von
Mensch und Natur

Bibliografische Information der Deutschen Nationalbibliothek

Die Deutsche Nationalbibliothek verzeichnet diese Publikation in der Deutschen Nationalbibliografie; detaillierte bibliografische Daten sind im Internet über http://dnb.d-nb.de abrufbar.

Impressum:

© 2010 Günter Dobler
Umschlagillustration und Foto: Delia Rosa Herrera de Dobler
1. Auflage April 2010
www.weltknäuel-mensch.de, www.weltknaeuel-mensch.de

Herstellung und Verlag:
Books on Demand GmbH, Norderstedt
ISBN: 978-3-8391-6421-1

9 783839 164211

Inhaltsverzeichnis

Ordnung und Chaos
(Störung und Anfeuerung)

Begegnung

Wir legten gerade die Wurzeln eines Baumes frei, als ich sie sah. Sie lag ganz in der Nähe. Mit jedem Erinnern meine ich, sie mir noch deutlicher vergegenwärtigen zu können. Ich sehe den mit gelben, schwarzen und roten Ringen bemalten Körper, den kleinen Kopf. Ich weiß noch, dass ich nur erstaunt und neugierig innehielt, obwohl mir klar war, dass der Biss einer Korallenschlange mich binnen weniger Stunden töten könnte. Die Erinnerung verfälscht alles. Mit jedem Jahr, das vergeht, rückt mir diese Schlange näher. Mein Gedächtnis malt ihr einen Ausdruck ins ursprünglich sicherlich ausdruckslose Gesicht. Sie blickt erstaunt, neugierig und dennoch kalt. Sie hebt ihren Schwanz. Mit diesem Trick lenkt sie die Aufmerksamkeit von Feinden und Beute auf dieses Ende ihres Körpers, während der Kopf mit seinen Giftzähnen woanders lauert.

Es war schwül, unsere Hemden von Schweiß durchnässt. Es war die Zeit unbeschwerten Forschens. Das Thema unserer Arbeit formulierten wir erst ganz zum Schluss. Es ging um den brasilianischen Sassafrasbaum *Ocotea pretiosa*. Wir gingen allem nach. Wir besuchten die Anlagen, in denen das Sassafrasöl gewonnen wurde, in denen Wasserdampf durch Behälter geschickt wird, die mit Hackschnitzeln befüllt sind. Auf diese Weise werden die ätherischen Öle herausgelöst. Das Öl ist schwerer als Wasser und setzt sich nach dem Abkühlen ab. Man erzählte uns, dass, wenn man die Hackschnitzel in den Fluss kippt, die Fische nach Sassafrasöl schmecken. Jemand rieb sogar mal eine Kuh damit ein, weiß Gott warum. Die Milch war ungenießbar. Sogar die Butter, die man daraus schlug, schmeckte nach Sassafras.

Wir sahen Sassafraspflanzungen im Sekundärwald. Wir zählten Wuchsringe an Holzscheiben. Wir waren bei illegalen Fällungen dabei. Wir informierten uns über In-Vitro-Vermehrungsversuche. Wir nahmen einen sassafrasreichen Waldbestand im Atlantischen Küstenregenwald auf, bestimmten die dort vorhandenen Baumarten, die Position der Bäume, ihre Durchmesser. Wir wollten wissen, wie die Wurzeln wachsen und fingen einfach an zu graben. Wir waren beschäftigt mit der Welt und so etwas macht glücklich.

Der Biss einer Korallenschlange ist nicht besonders schmerzhaft. Sie injiziert dabei ein hochwirksames Nervengift, das die Muskeln, auch die Atemmuskulatur, lähmt. Man erstickt. Man kann das Leben eines Gebissenen durch Mund-zu-Mund-Beatmung verlängern. Möglichst schnell muss ein Antivenin her. Wer fern eines Krankenhauses gebissen wird, hat kein Glück.

Der Betroffene, der um sein Leben fürchtet, wird sicherlich hoffen, von einer ungiftigen Schlange gebissen worden zu sein, die nur so aussieht wie die giftige. Solche Schlangen nennen die Leute „falsche" Korallenschlangen. Es ist ein kluger Schachzug im Überlebenskampf der Natur, sich mit der Gefährlichkeit einer anderen Art zu brüsten. Die Täuschung gelingt so gut, dass selbst Experten mit der Unterscheidung von falschen und echten Korallenschlangen Schwierigkeiten haben.

Möglicherweise wendete die Schlange auch nur einen Verteidigungsbiss an und injizierte gar kein oder wenig Gift. Wer weiß... - es bleibt immer Grund zur Hoffnung. Neben Kopfschmerzen, Benommenheit und Verwirrtheit kann sich auch Euphorie als weiterer Effekt einstellen. Wie das wohl ist, euphorisch zu sterben?

Im Moment der Begegnung spürte ich keine Angst. Sie bemerkte wohl, dass ich sie wahrgenommen hatte und zog sich schnell zurück. Als ich meinen Kollegen auf sie aufmerksam machen wollte, war sie bereits verschwunden. Wir sind während unseres Brasilienaufenthalts einigen Schlangen begegnet, aber niemals war es für mich so denkwürdig wie in diesem Fall. Sie stach heraus, als gehörte sie nicht ins Bild.

Ich halte es für eine optimistische Auffassung, Zusammenhänge in der Welt zu vermuten, die in ihrer Gesamtheit ein Gewebe ergeben. Mir gefällt die Flexibilität und Weichheit, die diese Tuch-Metapher spiegelt, aber ich habe ein ungutes Gefühl, was den hohen Grad an Ordnung angeht, der damit behauptet wird. Ich glaube, es ist zutreffender von einem Wollknäuel zu sprechen, einem Knäuel aus vielen Fäden. Blind findet etwas zueinander, bildet einen chaotischen, immer von Auflösung bedrohten Zusammenhang. Ständig zupft irgendjemand oder irgendetwas an diesem Fadenhaufen. Oder, die Fäden sind in Wirklichkeit Würmer, die sich hin und her winden, hierhin und dorthin kriechen. Vielleicht sind einige Korallenschlangen darunter, bedrohlich aussehende jedoch ungiftige aber auch tödliche, die das Versprechen ihres Farbenkleides halten können. Damals bin ich in diesem Chaos aus Ordnung und Unordnung, das man Welt nennt, solch einer Korallenschlange begegnet. Vielleicht stand es in ihrer Macht, das Knäuel, das mich damals ausmachte, zu lösen. So aber, integriert sie sich in meinen Wust aus Fäden, in das Geröll, das mich ergibt, und taucht manchmal auf, deutlicher denn je.

Echo

Nehmen wir eine Fledermaus. Nehmen wir ein Unterseeboot. Es geht um die Orientierung im Dunkeln, um die Orientierung in der Welt an sich. Was ist verborgen im Dunkeln? Etwas muss da sein, sonst könnten wir uns nicht daran stoßen. Was es aber ist, das ist nicht erkennbar. Die Nacht geht schwanger mit dem Tag. Die Welt an sich geht schwanger mit den Erscheinungswelten.

Das Signal kommt aus dem Zentrum, aus der Fledermaus oder dem Sonar des Unterseeboots. Die Welt ist immer um einen herum. Man ist immer im Zentrum. Der eigene Leib markiert den Ursprung des Koordinatensystems der Welt. Aus dem Zentrum, das durch die Fledermaus oder das Unterseeboot markiert wird, bricht der Schall heraus. Blind wird etwas in die dunkle Welt geworfen. Dort wo der Schall sich an Widerständen bricht, entsteht ein Echo, ein zurückgestrahlter Schall. Er kündet von der Welt da draußen. Er berichtet etwas. Er bringt etwas mit.

Ist das wahr? Der Schall ist immer noch Schall. Er ist genau das, was ausgesendet wurde. Er ist ein Produkt von Fledermaus oder Unterseeboot. Wie Giambattista Vico sagte: Wir können nur das erkennen, was wir selbst hervorgebracht haben. Die Fledermaus erkennt ihren Schall wieder und erkennt auch, was an ihm anders geworden ist. Die Veränderung verbirgt sich im Schall, der immer noch der gleiche, aber doch anders ist. Die Abweichung macht die Information.

Die Zeit, die verging bis zur Rückkehr des Echos markiert die Entfernung. Auch die Zeit, die Maßzahl, wird von der Fledermaus hergestellt. Das Abzählen der Zeitmomente oder diffuser, das Zeitgefühl, entsteht in der Fledermaus. Sie rechnet um. Sie kalkuliert Flugzeit aus Schallzeit.

Die Lücken sind wichtig. Die Stellen ohne Echo, das Ausbleiben einer Antwort auf die Frage. Denn da ist nichts, das dem Schall Widerstand leistet. Es mag dort ein Etwas geben, aber es ist kein Etwas für den Schall. Dieses Etwas ist nichts oder es ist schalldurchlässig. Wenn es aber Schall durchlässt, so vermutet die Fledermaus, dann lässt es auch sie hindurch. Allermeist ist das richtig.

Der Schall selbst hat sich im Echo verändert. Die Oberflächen, auf die er trifft, verwandeln ihn mal mehr und mal weniger. Manche Oberflächen verschlucken ihn fast, andere spiegeln ihn in aller Härte. Härte und Weichheit geben unterschiedlich Antwort. Außerdem spielen ab und an die Oberflächen mit dem Schall. Sie werfen ihn zigmal zwischen sich hin und her, wie einen bunten Ball. Das Echo vervielfacht sich. Es bilden sich Interferenzen. Die Antwort wird komplex. Sie wird ein Rätsel. Was kann da sein? Die Information im rückkehrenden Schall kann so oder so entstanden sein. Wir müssen es uns eingestehen: Die Erscheinungswelt wird oft nicht erkannt, sie wird erraten. Wir haben eine Vermutung über die Welt.

Schall ist einfach, ist eine simple Welle in einem Medium. Es gibt aber weitaus komplexere Netze, die in die dunkle Welt geworfen werden, als den Schall. Sie fangen etwas ein, auch wenn sie leer bleiben. Wenn sie eingezogen werden, hat sich nichts in ihnen verfangen. Das bloße Netz ist wieder da. Aber es ist anders wieder da. Da sind Verwerfungen, Risse, gesplissene Fäden - und wir haben Vermutungen.

Ich sehe uns in einem Spiegelkabinett. Tausende von Spiegeln zu allen Seiten, über und unter uns. Wieder spielen die Oberflächen ihr Spielchen und werfen unser buntes Bild zigmal hin und her. Jeder Spiegel zeigt ein anderes Bild. Eine Spiegelung der rechten oder linken Seite, der Vorder- oder Rückseite und aller möglichen Zwischenseiten. Konkave und konvexe Stellen verzerren die Bilder. Dieser dicke Bauch, das ist nicht meiner und er ist es doch. Diese Schrumpfzwiebel, das ist nicht mein Kopf. Trotzdem gibt es keinen Zweifel, dass das mein Kopf sein muss. Wir werfen uns hinaus und holen unsere Spiegelbilder wieder ein. Es gibt Lücken im Echo. Die Spiegel sind selektiv. Es gibt Veränderungen. Die Spiegel verzerren. Sie spiegeln und widerspiegeln.

In jeder Erkenntnis steckt Selbsterkenntnis. Jede Wahrnehmung ist vor allem Selbstwahrnehmung. Auf die Abweichungen kommt es an, auf die Spuren, die es zu interpretieren gilt. Wenn wir etwas betrachten, dann nehmen wir nichts Fremdes auf. Wir können nur schauen, was von uns wiederkommt und was ausbleibt. Wir blicken in die Natur und das, was wir darin erkennen, ist unsere Natur und darin eingelassen die Spuren der Natur da draußen.

Domino

Das Dominospiel sollte geräuschvoll gespielt werden. Ein Spieler, der etwas auf sich hält, haut die Spielsteine auf den Tisch, dass es nur so kracht. Triumphierende und scheinbar verzweifelte Ausrufe begleiten den Kampf der Kontrahenten. Das Materielle, das Ausgedrückte, erscheint immer heftig und aufdringlich im Vergleich zur dahinterliegenden Form. Die Regel, das logische Gesetz, bewegt still und versteckt die Hebel, nur sichtbar für die, die ihr folgen können.

Es gibt zwei mögliche Verbindungen. Die eine ist materiell: Zwei Zahlen, ausgedrückt durch die Anzahl aufgedruckter oder eingravierter Punkte, sind durch die Materie des Spielsteins verbunden. Die zweite ist formal oder regelgeleitet: Zwei Spielsteine sind durch die gleiche Zahl, die an ihren aneinanderliegenden Enden dargestellt ist, verbunden. Legt man entsprechende Enden aneinander, materialisiert sich diese Verbindung. Sie konkretisiert sich im Raum.

Um die materielle Verbindung zu trennen, muss man mit der Säge den Spielstein in zwei Hälften teilen. Die formale Verbindung ist völlig anderer Art. Ihr kann man so nicht beikommen. Im konkreten Fall, also in ihrer Materialisierung als aneinandergelegte Steine, kann man die Steine voneinander entfernen, Abstand zwischen sie bringen. Es zeigt sich ein Gummibandeffekt. Obwohl man die Steine auseinanderzieht, bleiben sie doch beisammen. Erst bei einiger Entfernung reißt das Gummiband. Erst dann akzeptiert der Verstand, dass sie nun nicht mehr zusammen sind. Sie sind jedoch immer noch füreinander bestimmt. Zwei gleichzahlige Enden dürfen aneinandergelegt werden. Zwei gleichzahlige Enden gehören zusammen. Erst eine andere Regel könnte die Trennung bringen. Eine Regel wie: Zwischen den Zahlen zweier aneinandergelegter Enden muss der Unterschied Eins betragen. Dann gehört die Vier zur Fünf, die Drei zur Zwei, die Sechs zur Fünf, aber keinesfalls die Vier zur Vier oder die Zwei zur Zwei.

Die Regel verbindet. Die Regel trennt. Die Regel entscheidet was anknüpfbar ist und was nicht. Die Dominosteine bilden eine Kette mit zwei Enden. Diese zwei Enden sind zwei Augen, die nur das sehen können, was die dargestellten Zahlen (die präsentiert werden wie die Augen eines Würfels) und die Regel vorgeben. Hier wird etwas sichtbar und etwas wird unsichtbar. Öffnung und Blindheit kommen von innen. Sichtbar werden andere Dominosteine mit gleichzahligen Enden. Unsichtbar ist der Tisch, auf dem gespielt wird, sind die Spieler, die spielen, sind ihre Rufe, ist das laute Klacken, wenn ein Spielstein auf den Tisch geschlagen wird. Unsichtbar ist das rauchige Zimmer, die Schlagzeilen in der Tageszeitung, die verschüttete Milch auf dem Bauernhof, das Wasser, das Universum, das Lachen über einen schlechten Witz. Die Welt der Dominosteine ist voller Dominosteine und nichts außerdem.

Die Steine müssen materiell sein. Zwei Zahlen werden ohne Regel zusammengefügt. Wenn die Regel sie nicht zusammenhält, muss es etwas anderes tun: die Materie. Zwei Zahlen sind im Stein zufällig kombiniert. Wenn hier eine Regel regiert, dann höchstens die, dass sich in einem Spieluniversum keine Zahlenkombination wiederholen darf. Die Materie ist nötig, sie ist zugleich irrelevant. Sie ist einfach nur Zusammenhalt ohne Regel. Die Steine können aus Marmor, Holz, Glas, Plastik oder Metall sein, das spielt keine Rolle. Sie könnten auch Darstellungen auf dem Bildschirm oder Bewusstseins-repräsentationen sein, völlig gleich. Die Steine sind einfach nur Elemente des Spiels oder der Dominokette. Sie sind Elemente, weil sie bestimmte Eigenschaften haben: Zwei Enden mit jeweils einer dargestellten Zahl (einschließlich der Unzahl Null), zwei Anknüpfungsstellen für das Spiel, für die Kette. Die innere Beschaffenheit des Elements ist völlig ohne Belang. Elemente sind Blackboxes mit den richtigen, das heißt brauchbaren

Oberflächen, nichts weiter. Mehr braucht man nicht, um ein Universum zu bauen.

Die Dominokette ist eine Schlange mit zwei Köpfen. Beide Köpfe fressen und wandern mit jedem Bissen jeweils ein Element weiter. Der Körper wird länger, die Windungen werden immer mehr. Jedes neue Element setzt einen neuen Kopf auf, eine neue Anschlussstelle. Das neue Element ändert den Zustand der Schlange, gibt dem Hunger eine neue Richtung. Es gibt Variation, doch die Variation ist begrenzt. Sie ist nur von einer Welt. Alles, was die Schlange fressen kann, alles, was sie sehen kann, alles, was existieren kann, sind Dominosteine. Egal ob aus Marmor, Holz, Glas, Plastik, Metall, als Bildschirmdarstellung oder Bewusstseinsrepräsentation, alles ist Dominostein und nichts weiter. Alles was angefasst wird, wird zu Gold, wie beim Fluch des Midas.

Wir haben zwei Blindheiten. Die erste: Vieles bleibt außen vor und unsichtbar, weil es nicht die nötigen Elementeigenschaften besitzt. Es fehlen die Enden mit Zahlen. Es überschreitet das für das Auge sichtbare Farbspektrum. Die Frequenz des Tones ist zu hoch. Die zweite: Das Element ist nur Element und nichts weiter. Am Element interessieren nur bestimmte Eigenschaften. Die Eigenschaften, die Anschlussfähigkeit herstellen. Alles andere ist irrelevant. Die Dominoschlange frisst Zahlen und nicht das Holz oder Metall, aus dem die Steine sind. Der Fortschritt der Schlange ist die neue Zahl. Die Zahlenreihe ist um eine Zahl, um eine Stelle reicher geworden. Aber alles bleibt Zahl. Alles was König Midas anfasst, wird zu Gold.

Es gibt viele Schlangen, viele Universen. Die Dominoschlange ist einfach gebaut, ein Körper mit nur zwei Enden. Es gibt Schlangen, die sind wie eine vielköpfige Hydra. Von einem Körper aus, fächert sich das Wesen in eine Vielzahl von Köpfen auf, frisst weiter und verzweigt sich weiter in immer neue Hälse mit immer neuen Köpfen. So entsteht ein Netz, das sich ausbreitet und dessen Anschlussstellen sich vervielfachen. So vielgliedrig und komplex diese Geschöpfe auch sind, sie sind dennoch aus einem Guss.

Sie heißen Physik, Chemie, Biologie, Literaturwissenschaft, Psychologie oder Pädagogik. Sie werden Mathematik, Zahlungsverkehr, Internet, Verkehrsnetz, Christentum, Islam, Judentum oder Buddhismus genannt. Sie sind Ordnungen, die jeweils für sich das Universum ordnen und somit eigene Universen erschaffen.

Teufel

Unter all diesen perfekten Engeln war er vielleicht der ungeschickteste, also der am wenigsten perfekte unter den Perfekten. Vielleicht machte ihn sein Ungeschick fast schon zu einem Menschen. Das erklärt, warum er die Menschen immer schon hasste. Sie sind ihm verflucht nahe. Sie zeigen, wie es mit ihm enden wird, wenn die Ungeschicklichkeit nur noch ein bisschen zunimmt.

Ich sehe ihn vor mir. Er hat eine diamantene Tasse voll goldenen flüssigen Mannas in der Hand. Er will aus der Tasse trinken und hebt sie an seinen Mund. Da macht sie sich bemerkbar: Die Schwäche, das Ungeschick, ist da. Er weiß nicht, woher diese Schwäche kommt. Ist er es selbst, der sie ihm einflößt? Später, da wird er die Menschen zur Schwäche verführen. Verführt er sich nun selbst? Flüstert ihm die Ahnung von jemandem, der er sein wird, ins Ohr?

Die Tasse gleitet ihm aus der Hand. Sie trudelt durch das Universum, trudelt bis zur Oberfläche eines felsigen Mondes. Sie zerbricht in tausend Stücke und in jedem Splitter der zerbrochenen Tasse sieht er sein erschrockenes Gesicht. Das verschüttete kostbare Manna treibt verstreut im Universum: Goldene Tröpfchen in der Schwerelosigkeit. Es ist still im luftleeren All. Die Heerscharen der Engel halten den Atem an. Das Unfassbare ist geschehen. Ein Wunder, das sich dem Wunder der Ordnung entgegenstellt. Die Ordnung ist zerbrochen. Das Chaos wiederhergestellt. Nicht aus Absicht wurde ein Teil von Gottes Werk zerstört, es war ein Versehen, ein dummer Zufall, eine ungewollte Schwäche. Die Unordnung ist wieder da. Die Ordnung ist ins Chaos zurückgefallen.

Die Unordnung war natürlich auch vorher schon da. Sie kann wohl nie ganz aufgebraucht werden. Aber sie wird eingedämmt, eingefasst in diamantene Tassen. Sie liegt als buntes Glas zwischen den steinernen Strukturen gotischer Rosetten. Sie wird als Meer von Kontinenten umfasst. Sie wird auf Planeten in geordneten Bahnen durchs All getragen. Die Ordnung gibt den Rahmen vor und die Unordnung lebt in den darin enthaltenen Reservaten und Residuen.

Dieser ungeschickte Engel hat den Rahmen zerbrochen. Er ist zum Gegner Gottes geworden. Die Scham über seinen Unwert steht ihm ins Gesicht geschrieben. Das ist unwürdig, da könnte er auch gleich ein Mensch sein. Diese tausend Engel aber, die ihm aus den Splittern entgegenstarren, hat er erschaffen. Das war in der Ordnung nicht vorgesehen. Er hat Spuren hinterlassen, etwas Eigenes hervorgebracht. Er ist nicht bloß ein Engel. Er ist aus ihren unendlichen Reihen hervorgetreten. Er hat Gott die Stirn geboten und diese Erkenntnis verwandelt ungeheure Scham in ungeheuren Stolz. Er wandelt sein Ungeschick in Geschick. Er nimmt es als sein Schicksal. Er bezieht seine Größe aus der Ungeheuerlichkeit der Tat. Und auch wenn sie ungewollt war, jetzt will er sie.

Gegeben sei eine Ordnung, ein abgeschlossenes kleines Universum im Universum, eine vollständige Rückbezüglichkeit, eine göttliche Ordnung. Er greift sie sich heraus. Er nimmt die Tasse aus dem Schrank. Er lässt die Tasse fallen. Er lässt sie zersplittern. Er knackt die Nuss. Licht bricht hinein. Er ist der Lichtträger, der Luzifer, der Prometheus. Die Ordnung zerfällt. Sie wird zufällig. Sie wird anders als vorher. Sie wird verworfen. Sie wird neu. Der Verfall war nicht gewollt. Der Zufall ist unwillkürlich. Das entstandene Neue aber will sich selbst. Es will sein Schicksal. Das nennt man Evolution.

Darwin hat den Teufel erkannt. Er hat gesehen, dass er seine Finger mit im Spiel hat. Das Wachsen eines Keimes folgt der göttlichen Vorsehung. Das ist Teil der Ordnung. Alles hat seinen Platz. Alles wird wie es vorherbestimmt ist. Doch dieses andere

Werden, das Hervorbrechen einer neuen göttlichen Ordnung, ist nicht gottgewollt. Es kommt nicht von innen. Es ist ein Einbruch von außen. Es ist unordentlich und unvorhersehbar. Das ist des Teufels Beitrag zu Gottes Werk.

Das war der große Wurf Darwins. Er wirft uns hinaus aus dem Paradies. Er macht aus uns Gotteskindern Teufelskinder. Wir sind Produkte des Zufalls und nicht der Vorsehung. Es gibt keinen Plan für die Evolution. Wir steuern auf kein Ziel zu. Wir driften. Aber wir driften gemeinsam. Wir, die Summe aller Lebewesen dieses Planeten, bilden eine Schicksalsgemeinschaft. Wir formen ein gemeinsames Boot. Wir sind die Arche auf der Sintflut.

Wir bilden eine gemeinsame Ordnung, eine Überordnung, die sich verändert und fortbewegt. Elemente bilden sich um, werden gelöscht oder bleiben trotz ihrer Veränderung bestehen. Die Überordnung reagiert, stellt sich neu ein, kompensiert. Sie wird selbst neu und anders. Der Teufel sitzt im Detail. Er bringt manch kleine Ordnung zu Fall, aber Gottes Werk stabilisiert sich immer wieder neu. Der Teufel treibt Gottes Werk vor sich her. Er ist der Geist, der stets das Böse will und stets das Gute schafft. Das ist das Geheimnis des Werdens. So schreibt sich die Geschichte der Biologie, des Bio-Logos.

Zufall und Ordnung betreiben kein Wechselspiel im Großen. Es folgt nicht Schöpfung des Universums auf Chaos und dann wieder Chaos auf das geschaffene Universum. Die geordnete Schöpfung, das große Bild, ist nie wirklich in Gefahr. Das Chaos treibt nur kleine Blüten. Es überwältigt die Ordnung nicht. Es lässt der Ordnung immer Zeit, um sich neu zu formieren. Die Kompensation ist allgegenwärtig. Der Organismus kann Mutationen kompensieren. Der ökologische Zusammenhang integriert Mutationen und wandelt sich durch die Integration ohne zusammenhanglos zu werden.

Nähme das Chaos im Organismus überhand, wäre er nicht lebensfähig. Und ist der Organismus lebensfähig, dann ist er vielleicht nicht überlebensfähig im übergeordneten Zusammenhang der Lebewesen und unter dem Anspruch der nichtlebenden Welt. Der Teufel nimmt immer nur Tassen aus dem Schrank, nie wirft er den ganzen Schrank um. Nie verbrennt er das ganze

Haus. Vielleicht kommt ihm manchmal der Gedanke. Warum nicht mal mit einem Meteor auf die Erde hauen? Warum nicht die Atombomben zünden und alles verbrennen? Das wäre der endgültige Beweis für die Abwesenheit der Vorsehung. Die Sinnmaschinen der Religionen hätten gelogen, aber haben wir das nicht immer geahnt?

Und dieses Meer, auf dem unsere Arche treibt? Wie ist es? Wir wissen, dass es die Arche trägt. Wir wissen das, auch wenn wir sonst nichts wissen. Dieses Tragen ist die Grundlage unserer Existenz. Würde es uns nicht tragen, würden wir nicht existieren. Es hätte uns gelöscht oder nie hervorgebracht. Wir wissen, dass es uns trägt, aber sonst wissen wir nichts. Alles andere ist graue Theorie, diffuse Theorie. Alles andere ist Erklärung ohne Sicherheit, ohne letztgültige Gewissheit, ist nichts als Vermutung. Solange unsere Vermutungen uns nicht töten, dürfen wir uns glücklich schätzen.

Die Arche hätte auch anders gebaut werden können. Sicherlich hätten auch andere Bauelemente getaugt. Die Möglichkeiten Schwimmfähigkeit herzustellen, sind bei weitem noch nicht erschöpft. Woher man das weiß? Nein, wirklich wissen tut man das nicht. Es ist eine starke Vermutung. Es ist der Glaube, dass das Meer unendlich ist. Es ist die Überzeugung, dass der Horizont immer weiter in die Ferne reicht und so schnell nicht endet. Und es gibt Anhaltspunkte: Alle Lebewesen, die wir kennen, schwimmen auf diesem Meer, so verschieden sie auch sind. Der Regenwurm, die Meerkatze, die Schnecke, das Tausendschönchen, die Qualle, der Pudel, der Mensch – alle schwimmen sie in einer gemeinsamen Drift auf diesem Meer.

Das heißt nicht, dass sie jeweils allein und isoliert vom Meer getragen würden. Die Allermeisten schwimmen nur, weil man sich gegenseitig über Wasser hält. Der Zusammenhang ist grundsätzlich zum Überleben notwendig. Aber keine falsche Rührseligkeit! Man kann die Arche schlimm zurichten, bevor sie untergeht. Nur weil manche Aufbauten über Bord geworfen werden, sinkt das Schiff noch lange nicht. Bevor alles zu Ende ist, kann noch manches Risiko eingegangen werden. Solange die See still daliegt und sich nur laue Lüftchen regen, ist alles in Ordnung. Vielleicht haben wir Glück und der Sturm bleibt aus.

Die Regel lautet: Der eine braucht immer die anderen. Die anderen brauchen den einen nicht. Nur ganz selten mag es Ausnahmen von dieser Regel geben. Eliminiere einen und noch einen und noch einen... - die anderen bleiben. Eliminiere die Schwarzstörche. Eliminiere die Nilpferde. Eliminiere die Eichen. Eliminiere die Menschen. Die anderen bleiben. Es könnte sein, dass eins gelöscht wird und dadurch bei den anderen einzelne mit verlöschen, aber der Großteil bleibt. Die Ordnung kompensiert. Wir haben Kredit. Wir halten uns damit über Wasser.

Zudem ist der Teufel nicht mehr allein. Der Mensch greift ihm unter die Arme. Oder hat er ihn schon abgelöst und vertrieben? Das Fünkchen Chaos wird gezielt in den Keimen der Lebewesen gezündet. Es ist gar kein Chaos mehr. Es ist Ordnung, gesteuerte Ordnung, eingeführte Ordnung in andere Ordnung. Die Arche wird nach Plan verändert. Die Veränderung ist von Anfang an vorhergesehen und gewollt. So lautet zumindest das hochgesteckte Ziel.

Aber damit sind wir der aktuellen Wirklichkeit voraus. Noch ist es Handlangertätigkeit. Dabei bleibt unklar, wer wessen Handlanger ist. Dient die menschliche Planung dem Chaos oder ist das Chaos Werkzeug der Planung? Es wird in den Nebel gestochert. Man unterscheidet Zonen im Nebel. Doch es passiert immer noch viel Unerwartetes und viele misslungene Versuche pflastern den Weg zum gar nicht so häufigen Erfolg.

Der Mensch wird getragen von Ordnung. Alles wird getragen von Ordnung. Alles ist eingeordnet in Überordnung. Nur die Tassen, nur im Detail, zerbricht der Teufel. Läuft das wirklich so glatt? Ist der Teufel wirklich so bescheiden? Die Drift ist so träge, dass es so aussieht, als würde sie einem Weg folgen. Wo bleiben die plötzlichen Richtungswechsel? Wurde das Chaos wirklich so weit hinausgedrängt und so tief eingekerkert? Gibt es nicht wenigstens die Ahnung einer Sackgasse, eines Riffs, auf dem die Arche eines Tages auflaufen könnte? Das Heraufkommen des Tages, an dem alles zu Treibgut zerschlagen wird, ist zumindest denkbar.

Joker

Im Kartenspiel trägt der Joker ein Bild. Meist ist er ein Clown, ein Narr. Er ist der Narr, der am Hofe des Königs zur Belustigung aller die Wahrheit sagen darf. Eine Wahrheit, die niemand ernst nimmt, weil sie vom Joker kommt. Eine Wahrheit, die nicht akzeptiert wird, weil sie närrisch klingt. Dennoch ist die Wahrheit produziert und sie steht im Raum, abrufbereit. Sie ist plötzlich da. Nicht aus der Ordnung des Königs heraus erschaffen, aber für ihn greifbar, wenn er will. Mit schwerem Magen vom Abendmahl legt sich der König ins Bett. Die Wahrheit bearbeitet den König in der Nacht. Sie gestaltet seine Träume und ordnet die Nervenbahnen im Gehirn neu. Am nächsten Morgen, wenn er sich von seinen Dienern anziehen lässt und zur Frühstückstafel schreitet, ist die närrische Wahrheit seine Wahrheit geworden. Es war sein Einfall. Die Ordnung des Königs wird durch ihre angebliche Kreativität bestätigt, denn sie hat diese neue Wahrheit hervorgebracht. Es ist vergessen, dass es der Narr war, der sie beigebracht hatte. Dem Narren soll's recht sein. Sein Ziel ist erreicht, die Ordnung gesteuert. Die Macht wird von der Ohnmacht bestimmt. Die Unordnung hat sich in die Ordnung eingeschlichen. Der Virus hat seine DNS in die Zelle eingeschleust. Nun reproduziert sie ihn durch ihre innere Ordnung.

Der Joker ist eine unbegreifliche Gestalt. Er ist derjenige, der die Lücken schließt. Er ist die Brücke zwischen zwei Inseln. Über ihn erfolgt der unmögliche Austausch. Zwei fremde Ordnungen tauschen sich aus, obwohl es eigentlich keine Anknüpfungspunkte gibt. Der Joker ist das universelle Interface und darüber hinaus nichts. Wäre er etwas, wäre er nicht universell koppelbar. Auch Michel Serres beschreibt den Joker. Bei ihm ist der Joker eine mehrdeutige Gestalt. Sie ist jemand oder etwas, aber auch jemand anderes oder etwas anderes. Der Joker wandelt sich im jeweiligen Kontext. In diesem Text aber ist der Joker keine Person, auch keine, die sich der Fixierung entzieht oder unterschiedlich fixierbar wäre. Er ist eine Unperson. Wenn sich der Joker bei Serres wandelt, so ist der Joker dieses Textes das, was die Verbindung zwischen den gewandelten Gestalten herstellt. Der Joker ist der Universalkleber. Er ist der Kitt, der die Welt zusammenhält.

Im Extremfall ist in jeder Situation die Welt eine andere. Man selbst ist ein anderer. Jede Situation ist dann ein Ereignis in einem anderen System. Wissenschaft und Wirtschaft, Ästhetik und Kindererziehung, Autoreparatur und Kriegsführung – alles hat seine eigene Rationalität, kreiert seine eigene Welt. Es wäre nur logisch, wenn alles auseinanderfliegen würde und statt einer Welt, viele Welten unverbunden dalägen würden. Der Joker aber klebt diese Welten aneinander. Er fügt die Welten aneinander, sodass sie ein Mosaik ergeben. Er fasst die losen Enden der Systeme und leitet etwas von dem einen ins andere, obwohl die Enden nicht koppelbar sind. Er ist nicht einer, der viele Gestalten annimmt, sondern er ist reine Beziehung. Er ist kein wandelbares Element, er ist vielmehr die universale Relation und darüber hinaus nichts. Er kann alles verbinden: das Schwarze Loch mit der Kinderrassel, die Schönheit mit der Grausamkeit, das Gedicht mit dem Wasserfall, die Autofahrt mit dem letzten Abendmahl.

Er übermittelt das Nicht-Übermittelbare. Er wandelt beim Übermitteln das Element. Es wird neu verpackt und auch innerlich umgestaltet, damit es vom anderen System akzeptiert werden kann. Es kommt also immer etwas anderes an, als am Ursprungsort vorhanden war. Die Übermittlung wandelt das Objekt, bestimmt es neu. Die Joker haben es in der Hand, nicht die Könige. Oder anders: Die Könige haben es in der Hand, denn sie müssen es verstehen. Sie verstehen es anders. Sie müssen etwas närrisch aufnehmen, um es königlich zu begreifen. Der Joker steckt im König und liegt auch außerhalb von ihm. Das heißt nichts anderes, als dass der Wissenschaftler Mensch ist, dass der Künstler Mensch ist, dass der Manager Mensch ist, dass der

Kfz-Meister Mensch ist. Der Joker ist der Mensch, der gemeinsame Nenner ohne eigene Rationalität, der die gespielten Rollen und gebauten Systeme miteinander verbindet.

Der Joker steht mit dem Teufel im Bunde. Vielleicht ist er selbst der Teufel. Vielleicht ist er einer der Teufel. Er ist sicherlich Luzifer, der Lichtträger. Er bringt die Ideen, die Einfälle. Das Neue, das nicht das Ergebnis einer Kalkulation ist und daher schon immer in dem vorhanden liegt, womit kalkuliert wird. Das Neue ist ein fremdes Licht, das hineingetragen wird in eine Ordnung und sich zu den Lichtern, die darin bereits angezündet sind, gesellt. Vielleicht ist das Neue so neu, dass es alles überstrahlt. Vielleicht benötigt die neue Flamme so viel Sauerstoff, dass sie all die bisherigen Lichter der Ordnung erstickt. Vielleicht kommt es zum Umsturz und dem Aufbau einer neuen Ordnung.

Und genau das ist das Teuflische, die Zerstörung der Ordnung. Ordnung ist immer königlich, ist göttlich. Der Teufel hat es gerade deswegen darauf abgesehen. Er will es zersplittern sehen, denn zersplittern und zerschlagen ist sein teuflischer Schöpfungsakt. Das Chaos wiederherstellen, aber nicht das Urchaos sondern ein Chaos aus Bruchstücken. Der Teufel ist kein Alleszermalmer. Er zerschlägt und zerreibt die Ordnung bis auf eine bestimmte Korngröße. Darunter geht er nicht. Der Weg zur neuen Ordnung beginnt daher nicht ganz vorne am Anfang aller Anfänge. Der Weg ist schon ein Stück gelaufen. Der neue Bau immer schon ein Stück weit vorbereitet. Man erinnert sich der alten Ordnung und baut ähnlich oder eben genau entgegengesetzt oder etwas dazwischen. Manche Bruchstücke sind fast genauso wiederverwendbar, wie man sie vorfindet. Andere muss man noch zurechthauen.

Der neue Einfall, die närrische Idee, kann Ordnungen kippen. Der Joker greift von außen ein. Er bringt etwas heran. Etwas, das in der Ordnung nicht geboren werden kann. Damit ist er der Erlöser des König Midas, denn er kann das erreichen, was dieser aus eigener Kraft nicht zu schaffen imstande ist. Er kann den Fluch brechen. Er bringt neue Qualitäten. Er hebt sie über die systeminternen Grenzen hinweg. Systeme bestimmen sich und ihre Umwelt. Die Umwelt ist Produkt des Systems. Nur die verdeckten Unwägbarkeiten der Welt an sich, sind nicht vom

System geschaffen. Aber für diese Unwägbarkeiten ist das System blind. Das System geht seinen Weg und keinen anderen und reagiert systemgemäß auf seine Umwelt und nicht anders. Der Joker aber koppelt etwas Unvorhergesehenes von außen ungefragt an. Friss oder stirb! Verdaue, wandle dich oder brich zusammen, damit neue Ordnung aufgebaut werden kann!

Luhmann spricht von struktureller Kopplung, wenn er das Zusammenspiel von Gehirn und Psyche benennt. Gehirn und Psyche sind jeweils selbstreferentiell geschlossene Systeme. Irgendwie hängen sie zusammen und dennoch sind sie vollständig getrennt. Das Bewusstsein besteht ausschließlich aus Bewusstseinsakten. Neuronen kommen dort nicht vor. Das Gehirn besteht ausschließlich aus Zellen, Nervenzellen zumeist. Bewusstseinsakte kommen dort nicht vor. Um Gott die Arbeit der Koordination beider Seiten zu ersparen, so wie es die Occasionalisten ihm zugemutet hatten, tritt der Joker dazwischen. Der Joker verbindet. Der Joker kittet zwei Bereiche. Das erklärt nicht, wie er das macht. Das tut der Ausdruck „strukturelle Kopplung" auch nicht. Beide zeigen nur etwas an, beide sind Synonyme. Der Joker muss vorhanden sein, sonst wäre nicht erklärbar, wie das möglich ist, was wir doch ständig erleben. Wie er es ermöglicht, ist jedoch nicht beschreibbar. Dazu wäre eine Ordnung nötig. Die darf es aber nicht geben. Denn wenn der Joker als Ordnung erkennbar wird, dann verliert er seine universelle Verbindungsfähigkeit. Immerhin können wir oft die beiden Ordnungen bezeichnen, die der Joker miteinander verknüpft. Den Verbindungsweg selbst sehen wir aber nicht und auch nicht den Vorgang der Transformation, der die Anpassung für das aufnehmende System vornimmt.

Der Joker ist der Vermittler par excellence. Er ist aber niemals ernst. Er verkörpert weder wissenschaftlichen noch wirtschaftlichen noch ästhetischen noch Liebesbeziehungsernst. Ihm geht jede Ernsthaftigkeit ab, weil nichts wichtiger ist, als das andere. Ein Limerick zählt so viel wie Einsteins Relativitätstheorie, eine Atombombe so viel wie ein Spinnennetz, ein Fangspiel so viel wie ein Weltkrieg. Der Joker ist närrisch. Der Joker ist ohne Ordnung und daher ohne Wertung. Wer frei sein will, muss wie der Joker werden, muss sich zwischen die Ordnungen stellen und das lustige Spiel der unvorhergesehenen Verknüpfungen spielen.

Ist der Joker wirklich so absolut frei? Wird er nicht gerufen? Hat ihn der König nicht an seinen Hof bestellt? Die Ordnungen sind häufig krank. Sie sind hinfällig, weil ihre Leistungsfähigkeit nicht ausreicht. In ihrem Getriebe kracht und knackt es. Der Mensch, der König, ist unzufrieden mit seiner Ordnung. Er will Aufheiterung. Er will Lösung. Deswegen ruft er den Joker. Ruft damit die Ordnung nicht häufig nach ihrer eigenen Vernichtung? Ist ihre Zersplitterung nicht von vorneherein eingebaut? Wohnt der Teufel also nicht schon immer im Herzen der Ordnung? Er wartet dort, schlägt ungeduldig mit seinen Hufen. Der Moment wird kommen, da der Joker ihn befreit.

Jennerwein - Spuren

Die Sonne blendet das linke Auge. Die linke Gesichtshälfte empfängt als erste das gleißende Licht und die Wärme. Die rechte dagegen bleibt noch im Schatten. Jennerwein tritt aus dem dichten Wald auf die Lichtung, doch sein Blick gilt nicht dem offenen Raum, sondern der Linie des abrupten Übergangs rechts von ihm. Als Jäger weiß er, dass das, was er sucht, meist an dieser Linie hängt, die einen Bereich vom anderen abgrenzt. Die Lebewesen, die jagenden wie auch die gejagten, wissen um die Bedeutung dieser Linie, die nichts anderes ist, als die verkörperte Entscheidung selbst. Hier liegt eine Schwelle. Die Spannung ist davor und danach geringer. Wer sich in Gefahr begibt, spürt die größte Anspannung im Moment, da er sich dazu entscheidet, sich ihr auszuliefern. Sicherlich verspürt er auch danach noch Angst, doch diese ist im Vergleich nur noch ein blasser Hintergrund, vor dem wie automatisch ein Geschehen abläuft, das man aus der Hand gegeben hat. An der Schwelle vom schützenden Wald zur Schutz verweigernden Lichtung, ist das Bewusstsein am klarsten, am fokussiertesten. Dies ist der Moment, in dem sich ein Stück Seele zeigt. Erlegt man ein Tier in diesem Augenblick, gehört einem nicht nur dessen Körper, sondern auch ein Stück seiner Seele.

Jennerwein jagt schon sein ganzes Leben lang. Seine Geschichte ist die einer fortgesetzten Sehnsucht. Er stolpert wie blind einem Fluchtpunkt hinterher, dessen Gehalt er nicht kennt. Bei allem was er findet, spürt er immer nur das darin enthaltene Ungenügen. Er sucht eine unbekannte Frucht und welche er auch probiert, er muss sie wieder ausspucken, weil es nicht die gesuchte ist. Er verfolgt verzweifelt das, was die Philosophen eine regulative Idee nennen. Nur dass diese Idee sein Leben immerfort aus der Bahn wirft, eine ständige De-Regulierung darstellt. Er gerät leicht in Rage, ist immer auf der Kippe, auf dieser Spannungslinie, der Schwelle zur Lichtung. Lieber springt er blind ins Licht, lieber bricht er im Wirtshaus eine Rauferei vom Zaun. Er schmäht die Oberen, die aufgesetzte Ordnung, ist ein Rebell. Die Wut ist sein ständiger Begleiter. Er spricht immer schnell und gehetzt. Die Frauen, die sich ihm hingeben, um an seiner Rebellion teilzuhaben, die ihn als Vehikel ihrer Auflehnung gegen die Regeln benutzen, genügen ihm nicht. Sie sind Früchte, deren Süße schon nach dem ersten Bissen verfliegt und die er wieder ausspeit. Er muss in den Wald auf die Jagd. Hier hat sein Streben eine Verkörperung. Hier tun es ihm alle gleich, er ist unter seinesgleichen. Die Natur schließt keine Verträge, sie hält sich aber an ein stilles Übereinkommen, das sie diktiert. Wer sich diesem Übereinkommen unterwirft, ist in ihr enthalten und ohne Schuld, ist Jäger und Gejagter unter Jägern und Gejagten.

Plötzlich bemerkt er wie seine linke Gesichtshälfte zu leuchten beginnt, sich abhebt und ein Stück weit über dem Körper zu schweben scheint. Alles konzentriert sich auf diese eine Hälfte seines Gesichts, auf dieses Spaltprodukt, das die Verbindung verloren hat und in Reinheit unter der Sonne erglänzt. Sie ist zur Lichtung ohne Wald geworden, ist all der Schwere, die sie sonst festgehalten hatte, entglitten.

Hinter ihm, wir wissen es allerdings nicht genau, steht Pföderl. Auch er verspürt diese unerreichbare Sehnsucht, doch ihm fehlt die Wut, die Jennerwein unerbittlich vorantreibt. Pföderl ist, verglichen mit Jennerwein, die tragischere Figur. Alles verdoppelt sich bei ihm: Neben dem Ungenügen vor derselben regulativen Idee steht auch noch das Ungenügen im Vergleich zu Jennerwein. Er ist nur ein Schatten. Die Frauen verschmähen ihn als Transportmittel ihrer Rebellion. Er verliert seine Geliebte an Jennerwein, er unterliegt bei der Rauferei im Wirtshaus. Die Oberen, die Ordnung, gegen die er sich auflehnen wollte, nutzen ihn als Werkzeug. Er ist der Judas, der von der Geschichte mit Verachtung gestraft werden wird. Er ist derjenige, der sich nach seinem Verrat selbst ermordet, nicht mit einem Strick sondern gnadenloser, durch jahrzehntelangen Suff.

Er sah Jennerwein auf die Linie zwischen Wald und Lichtung treten, sah wie ein Stück von Jennerweins Seele auf dessen Antlitz erschien. Dann drückte er ab, dreimal. Die ersten Kugeln nahmen einen Teil von Jennerweins Gesicht und ließen die linke Gesichtshälfte leuchten. Die dritte geht in den Rücken. Er erbeutet Jennerweins Körper und einen Teil seiner Seele.

Eine Spur ist nur dann eine Spur, wenn der Spurenleser sie als solche erkennt. Der Spurenleser interpretiert ein Stück der Welt als eine von einem Spurenmacher verursachte Veränderung. Damit wird die Spur zum ungewollten Zeichen, zum unbeabsichtigten Wegweiser. Spuren haben eine Richtung. Sie zeigen, wohin der Spurenmacher gelaufen ist. Der Spurenleser ist in Gedanken schon bei ihm. Und wirklich ist die Nähe außerordentlich. Er teilt mit ihm denselben Ort. Er befindet sich an genau derselben Stelle wie der Spurenmacher. Die Trennung ist jetzt nur noch eine zeitliche. Von den vier raumzeitlichen Dimensionen sind drei auf einen identischen Punkt zusammengeschmolzen und das lässt den Spurenleser vor Erregung zittern.

Der Spurenmacher hat Macht über den Spurenleser. Er ist die regulative Idee, auf die dieser zustrebt. Er ist wie ein Magnet, der das Eisen in seine Richtung zieht. Er ist die Verlockung, der der Spurenleser nicht widerstehen kann. Die Macht des Spurenmachers stammt jedoch aus dem Herzen des Spurenlesers. Der Spurenleser verleiht ihm diese Macht, denn es ist seine Sehnsucht, die ihn, das Objekt dieser Sehnsucht, zur Verlockung werden lässt.

Fassen wir zusammen: Am Ort des Spurenlesens trifft der Spurenleser auf ein bedeutsames Stück der Welt. Der Spurenleser, den wir unter anderem auch Jäger, Verfolger, Verliebter oder Gläubiger nennen können, lässt ein Stück der Welt zur verursachten Veränderung, zur Spur, zum ungewollten Zeichen, zur Verlockung werden. Was wir hier sehen, ist ein Akt der Unterwerfung unter eine Idee, was nichts anderes ist als Wahrnehmung oder Interpretation. Ein Beobachter, der diese Situation von außen betrachtet, muss von Idee sprechen, denn für ihn ist nicht sicher, dass sich dahinter ein tatsächliches Objekt verbirgt, dass also die Sehnsucht auch durch die Realität gedeckt wird. Für den Spurenleser ist es jedoch keine Frage, dass das, was er zu erreichen versucht, auch existiert, denn die Spur ist der Beweis für die Existenz des Spurenmachers. (Genauso ist bei jeder Wahrnehmung, die diesen Namen verdient, für den Wahrnehmenden jede Täuschung ausgeschlossen, auch wenn es sich später herausstellen sollte, dass es sich um eine solche handelte.)

Dies ist ein wichtiger Punkt, der nicht hastig übergangen werden darf: Der Interpretation des Spurenlesers verdankt es sich, dass ein Stück Welt eine Spur darstellt. Diese Spur ist für den Spurenleser der Beweis für die Existenz des Spurenmachers, denn nur ein Spurenmacher kann eine Spur hinterlassen. Dass ein Spurenleser eine Spur erkennt, hängt von seiner Überzeugung ab, dass es einen Spurenmacher gibt, der genau solche Spuren hinterlässt. Alles hängt also letztlich vom Spurenleser ab, der ein Stück Welt zur Gelegenheit nimmt, eine Spur samt Spurenmacher zu erschaffen. Ein Stück Welt wird zur Gelegenheitsursache seiner Sehnsucht. Es gibt kein adäquateres Bild für das, was Wahrnehmung bedeutet. Es gibt kein schöneres für das, was Liebe bedeutet. Es gibt kein klareres für das, was Glaube bedeutet. Für den Gläubigen ist die Welt Gelegenheit, um an Gott zu glauben. In der Welt erkennt er Ordnung und Vorsehung und das ist für ihn der Beweis für die Existenz Gottes. Gott erschafft die Spur, die Spur erschafft Gott. Der Spurenleser erschafft beide.

Pföderl sieht in den Gesten der Geliebten ihm gegenüber ihre Liebe. Die Spuren ihrer Liebe beweisen die Existenz der Liebe. Die Liebe bringt ihre Spuren hervor. In der Liebe gelten die Spuren mehr als die Zeichen. Ein Zeichen ist eine gewollte Botschaft, eine Veränderung der Welt, hinter der die Absicht eines Senders steht, etwas zu zeigen. Die Zeichen können trügen. Zeichen sind die Vehikel der Lüge. Sie können gemacht werden, um etwas vorzugaukeln. Die ungewollten Zeichen aber, die Spuren also, künden von der Wahrheit. Sie sind der gültigere Beweis.

Nachdem Jennerwein Pföderls Geliebte geschwängert hat, wird dies zur Spur des Verrats. Die Liebe war existent, daran hat Pföderl nach wie vor keine Zweifel, sie wurde nur zerstört. Jennerwein, der ehemalige Freund, und die Geliebte haben ihn verraten. Das ungeborene Kind ist die Spur von Verrat und

Verachtung. Er sieht sie vor sich, wie sie beide im Bett über ihn lachen: der dumme, nichtsnutzige Pföderl. Er ist nur ein Schatten verglichen mit Jennerwein. Seine Sehnsucht ist nicht sehnsüchtig genug. Seine Rebellion ist nicht rebellisch genug. Im Wald nun verfolgt er Jennerweins Spur. Er kennt den Abdruck seiner Stiefel. Er erkennt die von ihm zertretenen Ästchen am Boden. Die Spuren ziehen ihn unaufhaltsam in die Nähe Jennerweins. Pföderl hat innerlich die Schwelle zur Lichtung längst überschritten. Seine Entscheidung ist bereits gefallen, alles Weitere ist nur noch wie ein Geschehen, das er aus der Hand gegeben hat. Alles Weitere könnte sich auch ohne ihn ereignen. Er sieht sich selbst wie er hinter Jennerwein das Gewehr anlegt und auf ihn zielt. Mit jedem Schuss erreicht er sein Ziel. Er beißt dreimal in die Frucht. Nach dem dritten Bissen, schmeckt sie bitter. Eine zeitlang flimmert seine Sehnsucht orientierungslos umher wie ein Irrlicht. Er weiß nicht worauf er sie nun richten soll. Dann denkt er an die Spuren. Er zieht Jennerwein einen Stiefel aus, nimmt dessen Gewehr und steckt dessen großen Zeh in den Abzugsbügel. Pföderl legt absichtlich falsche Spuren. Es sind Zeichen, die wie Spuren erscheinen sollen. Er will die Gendarmen täuschen und ihnen Beweise für einen Selbstmord liefern.

Wer ist der Mächtigere? Der Spurenleser oder der Spurenmacher? Der Spurenleser steht im Bann des Spurenmachers, bis er ihn erreicht. Hat er ihn endlich, so ist der Moment gekommen, die Unterwerfung umzukehren. Jetzt ist Gelegenheit, den Hirsch, den Fuchs, das Reh oder Jennerwein zu töten. Jetzt soll Gott uns helfen. Er ist der erste unserer Diener, wenn wir ihn nur erreichen. Wozu brauchen wir Gott, wenn er nicht unsere Wünsche erfüllt, unserem Leben keinen Sinn gibt, uns nicht das ewige Leben im Paradies schenkt? Wer kann sich etwas Besseres wünschen als einen allmächtigen Diener? Was taugt die Liebe der Geliebten, wenn sie nicht uns gilt? Wir haben sie erreicht und nun dient ihre Liebe uns. Sie schafft Wohlbehagen, Geborgenheit, ist eine Steigerung des eigenen Werts. Das ist die Verschlagenheit des Menschen. Wir unterwerfen uns nur, um effektiver zu herrschen. Das ist die Maxime, die Bacon ausgesprochen hat und der wir seit allen Zeiten folgen. Unser Spurenlesen dient nur diesem Ziel, sie ist unsere effizienteste Technik. Sie ist ursprünglich eine Naturstrategie, denn auch die Tiere nutzen sie, wir aber haben sie unnatürlich verfeinert. Alles was wir erreichen, erreichen wir dank ihr, selbst Dinge, die gar nicht existieren. Wir können Hirngespinste erschaffen, überall Spuren erkennen, die beweisen, dass die verfolgten Objekte real sind und eben keine Hirngespinste sowie Trost aus der Erkenntnis ihrer Existenz ziehen. Das Spurenlesen dient uns. Es führt uns von uns fort, doch am erreichten Ziel weist es auf uns zurück. Das Spurenlesen ist selbst eine Spur. Eine Spur, die auf uns zeigt, die zeigt, wer wir sind.

Welche Spuren lassen sich um Jennerwein und Pföderl herum erkennen? Erst nach mehreren Tagen wird die Leiche Jennerweins gefunden. Die Gendarmen, in ihrer Rolle als Diener der Obrigkeit und Garanten der Ordnung, hätten wohl zu gerne die falschen Spuren, die Pföderl gelegt hat, akzeptiert. Die einfachen Leute aber, vielleicht auch das innere Gewissen beziehungsweise die Tatsache, dass sie selbst aus den Reihen der einfachen Leute stammen, lassen das nicht zu. Es ist auch zu offensichtlich. Niemand kann sich dreimal selbst erschießen und noch dazu von hinten. Vielleicht gibt es ja doch so etwas wie Wahrheit. Etwas das den willkürlichen Interpretationen Widerstand leistet. Etwas, das man als Spur einer unabhängigen Realität deuten und das man ins Feld führen kann, um gegen die Mächtigen Macht zu erlangen.

Wenn die Welt stumm ist und unsere Künste benötigt, damit sie spricht, wenn die Welt Spurenleser benötigt, damit Spuren in sie Einzug halten können, um uns alle zu leiten, dann ist es nur ein kleiner Schritt, bis der Beruf des Spurenlesers erfunden ist.

Es gibt eine Hierarchie unter den Spurenlesern: Es gibt ganz unten die Kinder, die überall Spuren erkennen und in dieser unglaublichen Fülle ständig ihre Ziele aus den Augen verlieren. Es gibt knapp darüber die, die nur schauen wollen, die Spaziergänger ohne Hintergedanken, die ihre Augen vor den Spuren verschließen möchten und denen dies dennoch nie ganz gelingt. Es gibt in der Mitte die Jäger, Liebenden und Gläubigen, all die Strebsamen, die Ziele verfolgen und die Spuren lesen, so gut sie es können. Und es gibt ganz oben die anerkannten, professionellen Spurenleser, die Kaste der Wissenschaftler, die, die die wahren von den falschen Spuren scheiden, die die Spuren der Wahrheit untersuchen, um die Realität zu beherrschen. Ihre Kaste ist selbst zu einer Spur geworden, zu einer Spur, aus der man lesen kann, dass es Spuren der Wahrheit gibt, dass es möglich ist, diese zu erkennen und das gesetzte Ziel sicher zu erreichen.

Sie sind Transformatoren. Sie untersuchen die Spuren und produzieren Zeichen. Durch ihre Zeichen sagen sie uns, wohin die Spuren führen, sodass wir blind auf sie vertrauen können, ohne selbst noch Spuren lesen zu müssen. Es bleibt uns nichts übrig, als ihren Zeichen zu vertrauen. Wir können nur hoffen, dass ihre Zeichen durch Spuren gedeckt sind.

Sie haben sich die Macht der Spuren zu Eigen gemacht und verwalten diese. Die Wissenschaftler geben vor, uns zu dienen, sie unterwerfen sich dem Allgemeinwohl, aber aus dieser Unterwerfung beziehen sie ihre hohe Stellung. Sie sind unentbehrliche Diener geworden, die uns in Abhängigkeit halten.

Es war nicht möglich, den falschen Spuren, den als Spuren getarnten Zeichen, die Pföderl gelegt hatte, zu folgen. Sie wandelten sich zu Spuren, die auf einen Betrugsversuch hinweisen. Sie wurden als falsche Spuren erkannt und damit zur wahren Spur ihrer Falschheit. Ein und dasselbe Stück der Welt kann sich in die verschiedensten Spuren verwandeln. Wir erinnern uns: Der Spurenleser erschafft die Spur.

Jennerwein und Pföderl, die Gendarmen, der Leichnam und die einfachen Leute – sie sind alle dieselben. Sie alle sind das arme Volk. Ihnen gegenüber steht die Obrigkeit, die das Spiel manipuliert, ohne es selbst vielleicht zu merken, weil sie selbst im Spiel aufgeht. Alle partizipieren an derselben Ordnung, sei es als Nutznießer oder Opfer. Der Wald ist Ort einer Auseinandersetzung, eines Krieges zwischen Herrschenden und Beherrschten, der aber nur zwischen den Beherrschten ausgefochten wird. Es ist wie in der Antike, in der die Götter die Menschen stellvertretend gegeneinander antreten lassen. Unter den Wipfeln der Bäume tobt ein Stellvertreterkrieg. Die Wilderer treten gegen die Jäger und Förster an.

De jure gehört das Wild der Obrigkeit und im übertragenen Sinne den Jägern und Förstern, die es für die Obrigkeit erbeuten. Das Recht bestimmt die Besitzenden und die Besitzlosen, so scheint es zumindest, aber man kann das Recht auch brechen. Die

Rebellion stellt geschaffene Tatsachen über die festgeschriebene Geltung. De facto erlegen die Wilderer das Wild und verkaufen es billig an die Wirtshäuser oder essen es mit ihren Familien. Das Fleisch des Wildes ist kein Menschenleben wert, aber die festgeschriebene Geltung ist bedroht. Die Obrigkeit wird herausgefordert. Es werden Spuren erkennbar, die zeigen, dass die herrschende Geltung gestürzt werden kann. Wo es Spuren eines nahenden Sturzes gibt, da ist der Sturz nahe. Die Spur beweist die Existenz des Spurenmachers.

Also müssen die Wilderer sterben. Jennerwein musste miterleben wie sein Vater als Wilderer von Jägern erschossen wurde. Er wiederholt die Lebensfigur seines Vaters, tritt in seine Fußstapfen, hinterlässt die gleiche Spur. Jennerwein und die Jäger sind de facto gleich, de jure stehen sie auf verschiedenen Seiten. Die Geltung siegt, die Gesellschaftsordnung bleibt erhalten. Der Wald ist durchzogen von gesellschaftlichen Spuren. Er ist zerschnitten von unsichtbaren Linien, zerteilt durch unterschiedlich eingefärbte Flächen, die Besitzansprüche dokumentieren. Der blaue Planet wird zum bunten Planeten. Die politische Landkarte bestimmt, wie ein Schulglobus auszusehen hat. Eine dieser unsichtbaren Linien geht mitten durch den leblosen Körper Jennerweins hindurch.

Bis ins Mittelalter gehörte das Wild allen, es war frei, stand außerhalb der Besitzansprüche. Noch heute gilt im deutschen Recht, dass das Wild herrenlos ist, bis es der dazu befugte Jäger erlegt. Nicht jeder darf überall jagen. Das Recht zur Jagd ist an Grund und Boden gebunden. Die Fläche muss allerdings eine gewisse Größe aufweisen, damit der Eigentümer auch wirklich darauf jagen darf. Ist das nicht der Fall, schließen sich die Grundeigentümer zu einer Genossenschaft zusammen, die das Jagdrecht verpachtet.

Der rechtliche Anspruch auf das Wild nimmt eine seltsam schwebende Position ein. Es ist frei bis zum Moment seiner Erbeutung. Nicht das Wild, sondern das Recht zu dessen Erbeutung gehört dem Jäger. Erst im Moment, da das Tier stirbt, realisieren sich Besitzansprüche. Das Erlegen ist ein Akt der Natureroberung. Wobei sich allerdings etwas der Verfügbarmachung entzieht: Das lebende Tier ist frei, nur das tote Tier ist unterworfen. Diese Art des Verfügbarmachens zeigt, dass die Freiheit des Wildes unverfügbar bleibt. Der Mensch hat nicht das Wild, sondern einen Kadaver erbeutet.

Menschen können ihre Freiheit jemand anderem anbieten. Sie können freiwillig dienen, sich freiwillig binden. Sie können Verträge eingehen. Tiere können das nicht, denn sie haben ihre Freiheit nicht im Griff. Sie ist auch für sie selbst unverfügbar. Ihre Unmittelbarkeit, die fehlende Unterwerfung unter sich selbst, stellt sie außerhalb der Gesellschaft und in die Natur. Der Wald ist von kulturellen Linien durchzogen, aber diese sind nicht Teil von ihm. Der Wald als Natur gehört einer anderen Dimension an. Seine Unmenschlichkeit ist in das Menschliche nicht integrierbar, sie ist nur vernichtbar. Der Wald kann gestaltet werden, das ist richtig. Aber er zieht sich hinter die Gestaltung zurück. Die Form wird ihm aufgedrückt, lässt aber immer Platz für Residuen. Er ist wie ein Blatt Papier, in das der Mensch seinen Scherenschnitt legt. In den Flächen zwischen den Schnitten brodelt es weiter und kocht seine Essenz, ist seine Natur ungebrochen, ist er nichts anderes als das Produkt seiner eigenen Gesetze und eigenen Kräfte.

Doch zurück zu den Menschen: Pföderl wird gefasst und vor Gericht gestellt. Er beteuert seine Unschuld. Niemals in seinem Leben, nicht einmal im Alkoholdelirium hat er diesen Mord gestanden. Es muss offen bleiben, ob er wirklich der Täter war. Die Spuren weisen auf ihn. Er hat ein Motiv: die Geliebte, die von Jennerwein geschwängert wurde. Er hat eine Waffe. Er wusste, wie er Jennerwein im Wald aufspüren konnte. Wo Spuren sind, muss auch der Spurenmacher existieren, in diesem Falle der Mörder Pföderl. Die Strafe ist milde. Die Obrigkeit ist gnädig zu ihren Werkzeugen, sie legt sie fast liebevoll aus der Hand. Man bescheinigt ihm einen einwandfreien Leumund und unterstellt ihm keinerlei Tötungsabsicht. Mit acht Monaten Gefängnis ist die Sache de jure abgegolten. De facto folgt die lebenslange Schande. Die einfachen Leute strafen den mutmaßlichen feigen Mörder, der von hinten seinen ehemaligen Freund erschoss mit fortwährender Verachtung. Keiner gönnt ihm eine erlösende Kugel. Es ist nicht sicher festzustellen, wer unnachsichtiger mit seinen Feinden umgeht, das arme Volk oder die Obrigkeit. Was ist schlimmer: Dauerndes Leid oder der schnelle Tod?

Die Geschichte geht weiter. Dieses Ereignis wird zu einem Volkslied verarbeitet: Das Lied vom Wildschütz Jennerwein. Die Geschichte und dieses Lied werden zu einer Spur, vielleicht sogar zu einem Zeichen. Sie denunzieren die Feigheit der Obrigkeit. Sie lassen die Auflehnung Jennerweins weiterleben. Die Rebellion ist gescheitert und siegt dennoch. Die Obrigkeit wollte mit dem Tod Jennerweins ein Zeichen setzten, ein Exempel statuieren. Doch dieses Zeichen enthält entlarvende Spuren. Es enthält Spuren von Feigheit und Schande. Jennerwein wird dadurch zum ehrenwerten Helden.

Jede Repression, die die Weiterverbreitung des Liedes und der Geschichte verhindern soll, ist Ansporn gerade noch mehr dafür zu sorgen. Jedes Deuten auf diese Spur wird zum Zeichen der Auflehnung.

Die Spur wird vielfach analysiert, reproduziert und transformiert. Das Geschehen wird in einem Gerichtsprozess rekonstruiert. Die Leute erzählen sich die Geschichte vom feigen Mord. Ein Volkslied entsteht, das vielfach gesungen wird. Die Geschichte wird niedergeschrieben. Sie wird als Motiv für Heimatromane verwendet. Spielfilme werden gedreht. Im Internet steht die Geschichte zum Herunterladen und man kann auf ein MIDI-File klicken, das die Melodie des „Wildschütz Jennerwein" etwas blechern abspielt. Ein Wirtshaus in München ist nach Jennerwein benannt. Die Spur hinterlässt Spuren und prägt sich in die verschiedensten Medien ein.

Die Spur oder das Zeichen wird in den Köpfen der Menschen zu neuronalen Impulsen, einfachen aber komplex verdrahteten Klick-klick-klicks, wird ausgesprochen und damit zu Schallwellen im Medium Luft, wird wieder zu neuronalen Impulsen, wird zu Schriftzeichen, wird zu elektronischen Impulsen im Internet, wird wieder zu Schallwellen, die diesmal aus einem Lautsprecher gedrückt werden. Bei jeder Einprägung materialisiert sich die Spur anders. Es ist schwierig zu sagen, was die Spur unabhängig von ihrer Verkörperung als Schallwelle, neuronaler Impuls, Schriftzeichen und so weiter sein soll, was das Durchgängige in all diesen Einprägungen ist. Jede Einprägung ist jedenfalls eine Spur, die von einem Spurenmacher kündet. Die Schallwellen in der Luft sind Spuren, die der Lautsprecher hinterlässt und sie verweisen auf ihn, andererseits verweisen Melodie und Text auch auf Jennerwein und seine Geschichte sowie auf die Autoren, die Text und Melodie schufen. Wir sehen die Spuren der Auflehnung gegen die Obrigkeit. Wir bemerken die rasante technische Entwicklung, die Auswahl durch den Redakteur des Radioprogramms und vieles mehr. Die Einprägung im Medium ist Spur für unzählige Spurenmacher. Wir sind umgeben von Heerscharen von Spurenmachern. Alle entspringen unserem Spurenlesen. Alles gründet in uns.

Hänsel und Gretel

Hänsel und Gretel verirrten sich im Wald...

Auch dies ist eine Geschichte, die etwas anzeigt. Ein Zeichen, das etwas in uns bewirken soll. Eine Spur, die eine Richtung weist. Auch hier kann man, können wir als Spurenleser, einen Hinweis auf das Verhältnis Obrigkeit und Untertanen erkennen, sofern wir das wollen. Die Geschichte kann, sofern uns das naheliegt, vom Widerstreit verschiedener Ordnungen handeln, ungewollt oder gewollt, als Spur oder als Zeichen. Lassen wir sie vom Ereignis einer misslungenen Auflehnung künden, ähnlich wie die Geschichte Jennerweins. Nur dass dieses Mal das Misslingen total ist und auch die Möglichkeit einer Auflehnung in das Misslingen eingeschlossen bleibt.

Diese Geschichte wird Kindern erzählt und ist Teil ihrer Programmierung. Kinder sind wie Erze, wilde Elemente, voller Schlacke und Flausen, kleine Bündel, noch nicht verschlossene Schatullen. Es ist eine gesellschaftliche Pflicht, sie zu bändigen. Zum Glück sind ihre geistigen und körperlichen Kräfte zunächst gering und in dem Maße wie diese wachsen, erhalten sie ihre Lektionen. Dieser Vorgang ist so fein abgestimmt, dass man meinen könnte, ihr Intellekt wächst dank seiner Unterrichtung, als wäre das, was sie anleiten soll, ihre Nahrung, als speisten die Dämme an ihrem Fluss dessen Strömung mit Energie. Die Energie kommt aber aus dem Innern, ist die Entfaltung eines biologischen Keims. Sie sind geborene Eroberer, so wie es im Grunde jedes Lebewesen ist. Sie versuchen ihre Umgebung und schließlich die Welt zu beherrschen. Die Gesellschaft muss sie daher unterwerfen, um ihrer eigenen Unterwerfung zu entgehen. Sie muss ihre Ordnung oder die Vielzahl ihrer Ordnungen in sie legen, damit sie erhalten bleibt. Dafür tradiert sie Geschichten: Hänsel und Gretel verirrten sich im Wald...

Geradezu perfide beginnt die Geschichte mit der Urangst der Kinder. Die Eltern verlassen sie. Die Grundfesten ihres Lebens brechen weg. Die Gesellschaft macht ihnen klar, was es bedeuten kann, sich gegen sie zu stellen. Doch die Erzählung hält sich nicht mit dem Verrat der Eltern auf, sondern fokussiert das Verlorensein im Wald. Der Wald ist das Problem, ist eine unheimliche und undefinierbare Bedrohung. Nichts Konkretes steht im Vordergrund. Es ist nicht von einem Wolf die Rede oder von vergifteten Pilzen. Es ist auch nicht die Orientierungslosigkeit, das Sichverirren allein. Es ist nicht wie in einer großen Stadt, in der einem der Weg nach Hause verloren ging. Dort sind Menschen. Der dortige Dschungel ist ein künstlicher, wird hervorgerufen durch ein Überborden der Materialisierung von Gesellschaft, ist Ergebnis eines unkontrollierbaren Wachstums, das aber vom Menschen angestoßen wurde. Es ist ein Unterschied, ob man sich im eigenen oder fremden Medium verliert.

Der Wald ist unheimlich. Er ist das Überborden der Natur, ein nichtmenschlicher Zusammenhang. Trotz seiner Fremdheit ist er nicht ganz unverständlich. Die biologischen Mechanismen, die ihn erhalten, sind dieselben, die unserem Organismus Leben einhauchen. Was uns erschreckt, ist seine Stummheit. Er hat keine Stimme, keine Sprache. Es gibt Laute und Rufe, aber keine Worte. Wenn er sprechen soll, müssen wir ihm unsere Stimme leihen. Wir können die Natur ergänzen, sie durch uns zum Sprechen zu bringen. Aber gerade durch die Sprache geht sie uns verloren.

Der Wald ist dunkel. Der Wald umschließt die Kinder. Sie sind in die finstere Gebärmutter zurückgekehrt, in den schrecklichen Schoß der Natur. Sie blicken in den Abgrund, aus dem sie hervorkamen. Das macht ihnen Angst. Das ist die Angst der Psyche, die einer überwältigend großen, andersartigen Macht gegenübersteht. Sie spürt, dass sie wie eine vom Sturm bedrohte Kerzenflamme einfach ausgelöscht werden könnte. Blaise Pascal machte die Größe der Natur und die Gleichgültigkeit, mit der sie dem Menschen gegenüber steht, schaudern. Wir haben den Wald verlassen, um unseren eigenen zu gründen und haben Angst, unser Werk im Sumpf unserer Herkunft wieder versinken zu sehen.

Der Wald ist mächtig. Er umschließt die Kinder. Manche Kulturen pflegen einen Initiationsritus, in dem die erwachsen werdenden Jugendlichen eine oder mehrere Nächte in der Wildnis verbringen müssen. Sie müssen die selbstverständliche Welt des Dorfes verlassen und sich den ihnen fremden Gefahren der Natur aussetzen. Ihnen wird klar, dass die kulturelle Welt, der sie angehören, das Dorf und sein Gemeinschaftsleben, eben nicht selbstverständlich ist. Der Schutz, den sie bietet und all die Bedürfnisse, die sie stillt, das macht sie wertvoll und erhaltenswert. Die Selbstverständlichkeit weicht dem Verstehen und nach der Rückkehr sind sie bereit, ihren Platz in der Gemeinschaft einzunehmen.

Während eines Praktikumssemesters war ich in den Wäldern Südbrasiliens, im Atlantischen Küstenregenwald. Ich kann mich genau an mein Misstrauen gegenüber dieser Vegetation während der ersten Tage erinnern. Dieser Wald ist voller Schlangen und Gifte. Die Pflanzen und Tiere dort sind Experten in der Verwendung chemischer Waffen. Der Himmel ist unter dem Blätterdach nirgends sichtbar. Ständig ist man eingekreist und der Blick geht nur wenige Meter. Viele unbekannte Dinge, eine fremde Mannigfaltigkeit, müssen eingeschätzt werden. Die Aufmerksamkeit springt daher hektisch hin und her. In diesen Wäldern hört man kein Rauschen im Blätterdach, nicht einmal der Wind bringt Kunde von der Freiheit da draußen. Man fühlt sich wie ein Stein im Zentrum eines Baumwollballens. Das Fremde ist nicht dieser Wald, das Fremde ist man selbst. Dieser Gegensatz klirrt wie zerborstenes Glas unter jedem Schritt, den man tut.

Ich weiß noch genau den Augenblick, an dem alles umschlug. Es gab einen ganz bestimmten Moment, in dem der Gegensatz in sich zusammenfiel und der Stein fast selbst zur Baumwolle wurde. Natürlich kann niemand seine Fremdheit auf einen Schlag tilgen, aber man kann den externen Standpunkt ein Stück weit verlassen. Es geschah, als jemand mir zeigte, wie man aus großen

Blättern eine Trinktasse faltet, um damit Wasser aus dem Bach zu schöpfen. Eine Tasse zu falten, ist eine kulturelle Handlung, ist ein Augenblick der Aneignung, der Überführung der Natur ins Künstliche. Oberflächlich betrachtet, ist es ein Akt der Eroberung, ein kleiner Sieg gegen die übermächtige Natur. Für mich aber war es ein Akt der Integration. Nein, keine Unterwerfung, sondern Eingliederung, ein Austausch zwischen Gleichen, das Gefühl, dass eine Naturlinie mitten durch meinen lebenden Körper geht.

Hänsel und Gretel verirrten sich im Wald. Beide sind kleine Steine, die durch den Wald rollen. Müde vor Furcht machen sie eine Entdeckung: Da steht ein Häuschen. Jemand hat mitten im Wald eine Tasse gefaltet. Jemand hat eine Position außerhalb der Gesellschaft eingenommen. Eine Hexe wohnt in diesem Häuschen. Wie Jennerwein lehnt sie sich auf, aber auf andere Weise. Während er wütend durch die Wälder stapft, um zu jagen, zieht sie sich in den Wald zurück, um dort zu wohnen. Die Hexe rebelliert, indem sie sich der Gesellschaft entzieht. Jennerwein aber will den Streit, will provozieren. Er will von den Menschen nicht loskommen.

Die Hexe möchte sich außerhalb der Gesellschaft stellen, entgeht ihr aber dennoch nicht. Die Kranken kommen, um von ihr geheilt zu werden, Schwangere um abzutreiben, Neugierige, um etwas über ihre Zukunft zu erfahren, Verliebte, um andere liebestrunken zu machen. Sie weiß um Kräutertees und Salben. Sie kennt die Stoffe und ihre Wirkungen. Sie verkehrt mit Naturgeistern. Sie nimmt eine Position zwischen Religion und Wissenschaft ein. Sie ist eine Übergangsgestalt: für die Wissenschaft zu abergläubisch, für die Inquisition nicht gläubig genug. Sie hat Spuren entdeckt und ist ihnen in den Wald gefolgt. Sie sieht dort Spuren, die sonst keiner findet.

In der Erzählung stehen sich die beiden von der Gesellschaft verstoßenen Kinder und die vor eben dieser Gesellschaft geflohene Hexe gegenüber. Was liegt näher als ein Bündnis und so lädt die Hexe die Kinder zum Essen ein. Nun ist der Zeitpunkt für die Lektion erreicht. Die Kinder müssen entscheiden, wohin sie gehören, welcher Ordnung sie folgen wollen.

Die Entscheidung darüber ist natürlich längst getroffen, denn die Erzählung dient der Belehrung. Hänsel und Gretel werden die Hexe töten und so ihre Brauchbarkeit für die Gesellschaft beweisen. Die Ordnung, die außerhalb des Waldes gilt, setzt sich durch. Das ist die Spur, die in der Geschichte entdeckt werden soll beziehungsweise das Zeichen, das sie setzen will. Die Kinder hören mit großen Augen zu und haben verstanden.

Fassen wir zusammen: Da ist die Gesellschaft außerhalb des Waldes, die ihre Ordnung vererben will und entsprechende Zeichen setzt, getarnt als zu entdeckende Spur in einer tradierten Erzählung. Da ist der kritische Blick, der diese Absicht erkennt und die gelegte Spur als Zeichen entlarvt. Die Ordnung siegt zunächst, ihr gelingt es zu unterweisen. Durch die Aufdeckung dieser Unterweisungsabsicht, unterliegt sie aber schließlich doch. Diese Entdeckung vereitelt die Unterweisung, denn sie macht sie als solche erkennbar, denunziert sie als Manipulation.

Die Philosophie mit ihrem kritischen Geist entlarvt die absichtlich gelegten Spuren als manipulierende Zeichen. Sie gibt sich als Befreierin des Menschen. Doch an diesem Bild ist etwas faul. Der kritische Geist entdeckt eine Spur innerhalb oder unterhalb der offensichtlichen Spur und das Glück darüber betäubt ihn. Er rackert sich ab an belanglosen Märchen, schreibt seine Geschichten über Geschichten über Geschichten. Die Philosophie ist die Ablenkung, die rebellisch klingt und dadurch Rebellion verhindert. Ein Spiegel der Selbstverliebtheit. Spiegeln und Widerspiegeln, immer nur sehen, immer nur erkennen, aber niemals handeln. Die Ordnung, die außerhalb des Waldes gilt, gerät dadurch nicht in Gefahr und gewinnt damit doch.

Kontrapunkt

Punctum contra punctum, Ton gegen Ton - Jakob von Uexküll sah in der Natur eine Symphonie, eine Planmäßigkeit. Im Kontrapunkt werden zwei Melodien, zwei Tonlinien, gegeneinander geführt. Das Zusammenspiel der Melodien ist harmonisch. Die eine stellt sich auf die andere ein. Diese Symphonie könnte einen Schöpfer haben: Gott. Sie könnte aber auch zwei Schöpfer haben: Gott und Teufel, Ordnung und gebändigte Unordnung, die Evolution.

In der Evolution partizipieren die Lebewesen an einer gemeinsamen Drift. Der Teufel, die Mutation, das Chaos im Detail, treibt sie auseinander, doch ihre Bezogenheit aufeinander stellt wieder einen geordneten Zusammenhang her. Die Unordnung wird gelöscht oder kompensiert und integriert, also in göttliche Ordnung transformiert.

Punctum contra punctum - alles ist voller Spuren. Einer ist im anderen abgebildet und umgekehrt. Etwas zeigt auf etwas anderes. Der lange Rüssel des Schmetterlings zeigt auf den tiefen Blütenkelch. Das Saugrohr der Mücke zeigt auf das Blut unter der Haut. Die Schwimmhaut des Frosches zeigt auf das Wasser. Die Verflechtungen spiegeln sich im Einzelnen. Verflechtungen, die direkt betreffen und Verflechtungen, die indirekt genutzt werden. Die Reißzähne haben direkt mit dem Erjagen der Beute zu tun. Dagegen ist das Nachahmen fremder Verflechtungen indirekter, macht einen Umweg. Die Schwebfliege nutzt die Warnzeichnung der Wespen, ohne selbst stechen zu können. Das Wandernde

Blatt ist ein Insekt in Form eines Blattes. Beide nutzen als Waffe oder Schild den falschen Eindruck.

Erstaunlich, dass wir diesen Zusammenhang erkennen. Alles scheint doch ökonomisch durchdacht. Alles ist spezifisch eingerichtet. Warum dann dieser Überfluss an Erkenntnis? Warum den Sinn des Rüssels des Schmetterlings erfassen, wenn das doch keinen Sinn für uns Menschen macht? Warum sich mit Problemen und Lösungen anderer belasten? Diese Erkenntnisfähigkeit und dieser allgemeine Überblick ist wie ein Überschuss, eine unvorhergesehen große Auszahlung im Spiel des Lebens. Ist der Reichtum eine neue Strategie im Spiel der Evolution? Wir können so oder auch anders. Wir können alles auf Nahrungssuche verwenden oder wir können Umwege gehen. Wir müssen nicht jagen und sammeln, wir können auch schlendern und vieles betrachten. Wir besitzen den Luxus, Vermutungen anstellen zu können. Wir dürfen debattieren ohne gefressen zu werden. Wir können unsere Melodie verändern. Wir können wie Polizeisirenen die Symphonie empfindlich stören oder passende sanfte Melodien dazu summen.

Der Kontrapunkt ist für Uexküll die Ordnung der Arche, die über die Sintflut driftet. Man muss also hinhören. Es geht um Interferenzen, die für uns eine Symphonie ergeben. Es geht darum, dass sich Melodien durchdringen, ohne sich zu berühren. Das Zusammenspiel ergibt sich aus vielen einsamen Spielen. Jeder spielt nach seinen Regeln und doch spielen alle miteinander.

Die Organismen sind Subjekte, die sich ihre eigene Umwelt erschaffen. Jeder Organismus kann nur das wahrnehmen, wofür er Sinne hat und das, was er wahrnimmt, stellt sich ihm gemäß der in ihm verwirklichten Verarbeitungsmöglichkeiten dar. Die Welt bricht aus dem Innern hervor. Das Innere ist der Diktator der Welt. Jedes Subjekt lebt in einer ganz eigenen Umwelt, die ihn wie eine Seifenblase umgibt. Myriaden von Seifenblasen bewegen sich durcheinander. Niemals können zwei Seifenblasen zu einer werden. Niemals können sich zwei Subjekte eine Seifenblase teilen. In der Seifenblase eines Subjektes kann ein anderes Subjekt nur als Objekt auftauchen. Der Andere ist ein Stück der Umwelt. Er mag ein besonderes Stück der Umwelt sein. Er mag mit besonderen Bedeutungen, mit Pracht und Glanz, mit Pomp und

Marschmusik vom Subjekt ausgestattet werden. Dennoch ist er ein aus dem Subjekt heraus gestaltetes Etwas.

Wir müssen dieses Bild in aller Radikalität bewahren. Von der Umwelt führt kein Weg heraus. Wir können nicht zur Welt gelangen. Was ist Welt? Das was allen Umwelten zugrunde liegt. Das was alle Umwelten übersteigt und in der Lage ist, alle Umwelten zu verbinden. Etwas auf dem alle diese Seifenblasen, alle diese Monaden aufsitzen. Wie sollte man die Umwelten zusammenfassen, wenn sie doch so verschieden sind und sich teilweise widersprechen? Wie sollte man einen gemeinsamen Nenner herausdestillieren? Wer sollte sie zusammenfassen oder den gemeinsamen Grund ertauchen? Wer könnte einen übergeordneten Standpunkt einnehmen? Und wäre es möglich, so einen Standpunkt zu verwirklichen, wie kann man ihn wieder in der Umwelt der Normalsterblichen verständlich machen?

Man kann mit den Umwelten nicht rechnen. Man kann sie nur gemeinsam erklingen lassen. Diese Symphonie ertönt in der Umwelt der Menschen, wenn sie hinhören wollen. Ob sie wohl auch in der Umwelt anderer Lebewesen ertönt? Die Symphonie wird, wie alles in der Umwelt des Menschen, vom Menschen geschaffen. Er hört Wohlklang, er sieht Ordnung in etwas, das vielleicht nur bloßes Geschehen ist. Die Symphonie ist keine Schöpfung ohne Grund, denn es kommt ein Anstoß von außen. Es gibt Spuren der Welt in der Umwelt. Aber diese Weltspuren bestehen aus Umwelt und nichts anderem. Der Umfang der menschlichen Umwelt, die darin beschlossenen Möglichkeiten, die Flexibilität, der Überschuss, die Vielfalt der Verbindungsarten und –richtungen, all das macht es möglich, eine Symphonie zu hören, eine gemeinsame Arche zu sehen und nicht bloß blind in sie hineingefügt zu sein. Wir sehen die Arche, wir sehen die Drift, aber das Meer bleibt unergründlich und dunkel.

Und die Symphonie? Ist sie nicht eine Synthese aller Umwelten? Aber was sagt eine Synthese aller Umwelten von der Welt? – nur, dass die Welt die Bildung dieser Umwelt-Synthese erlaubt, nichts weiter. Diese Arche, es könnte vielleicht auch andere Archen geben, es gab bereits Archen, die anders zusammengesetzt waren... diese Arche schwimmt, nichts weiter.

Wir haben das Knarren und Knarzen vergessen. Es kracht im Gebälk der Arche. Die Disharmonie ist schrecklich und omnipräsent. Die Stimmen überschlagen sich. Die Luft ist erfüllt von Wehklagen. Die Ordnung der Arche ist eine Ordnung der Gewalt. Sie ist eine Ordnung des „Lebens von", des „Sich Ernährens von", von Fressen und Gefressen werden, Krankheit und Pestilenz. Eine Ordnung des Parasitierens, wie Serres es nennen würde. Warum einmal Wohlklang, warum dann wieder Wehgeschrei? Wir hören, was wir hören wollen. Ist beides da oder keins von beiden? Treffen wir eine willkürliche Entscheidung? Es geschieht etwas. Es geschieht nicht zusammenhanglos. Das ganze schwimmt. Basta.

Brahmaea
(das Spiel mit den Jokern)

Auf dem Schmetterling *Brahmaea wallichii insulata* findet sich das Gesicht eines Raubvogels gezeichnet. Augen sind auf die Flügel gemalt und der Hinterleib erscheint wie ein Schnabel. Zeichen und Spuren machen ein komplexes Verwirrspiel möglich. Etwas erscheint als etwas anderes, deutet in die falsche Richtung. Zeichen und Spuren anderer werden missbraucht und für das eigene Überleben brauchbar gemacht.

Es gibt giftige Tiere, die ihre Giftigkeit auffällig auf die Haut geschrieben tragen, damit andere nicht auf die Idee kommen, sie zu fressen. Die gelb-schwarze Färbung der Wespen und das Rot-Gelb-Schwarz der Korallenschlangen sind Wappen und Zeichen, der in ihnen schlummernden Gefahr. Raubvögel nutzen dagegen Tarnfarben, um ihrer Beute möglichst nahe zu kommen, bevor diese sie bemerkt. Das anvisierte Opfer braucht Glück und besondere Aufmerksamkeit, um die getarnte Gefahr rechtzeitig zu entdecken.

Der Schmetterling ist ganz in den Tarnfarben des Raubvogels gehalten, was ihn unscheinbar macht. Auf der anderen Seite stellt er auf seinem Körper die Fratze der Gefahr zu Schau, damit sie ihn schützt. Der Schmetterling verschwindet hinter mehreren Schichten. Da ist die Tarnung des Raubvogels, die auch ihn versteckt. Da ist die Zurschaustellung des Raubvogels, die diesen zeigt und ihn damit ein zweites Mal unsichtbar werden lässt.

Er versteckt sich zweimal und gerade damit zeigt er sich doch. Das Vorspiegeln falscher Tatsachen und Entwenden fremder Identität zeigt wer er ist: Er ist der Schmetterling, auf dessen Körperoberseite das Gesicht eines Raubvogels abgebildet ist. Seine Wahrheit ist der fremde Schein, ist, dass der Anschein, den er erweckt, in die Irre führen soll. Zumindest ist das die Wahrheit, die wir an ihm entdecken. Für ihn selbst, liegen Lüge und Wahrheit ganz anders beziehungsweise existiert diese Unterscheidung nicht.

Das Versteckspiel betrifft nicht seine Artgenossen. Es ist dafür gesorgt, dass sich die Sexualpartner finden. Die Botschaft, die ihn versteckt, gilt nur uns und anderen. Sie soll in unseren Seifenblasen erscheinen, nicht in denen seiner Artgenossen. In der Symphonie, die wir vernehmen, repräsentiert ihn eine andere Tonfolge, als in der seinen oder in der anderer Lebewesen. In jeder Seifenblase ertönt eine andere Symphonie. Zwischen den Seifenblasen fließen Stoff- und Energieströme sowie Spuren und Zeichen. Bei der Übertragung wandeln diese ihre Verwendbarkeit, Gestalt und Bedeutung. Sie verlaufen zwischen den Seifenblasen, erscheinen in der Ordnung der jeweiligen Seifenblase aber je anders. Sie sind Gelegenheitsursache für die Arbeit der Joker. *Brahmea wallichii insulata* erscheint nicht nur unterschiedlich in verschiedenen Seifenblasen. Er benutzt dieses unterschiedliche Erscheinen für seine Zwecke. Ohne es zu wissen, weiß er über die anderen Seifenblasen Bescheid. Ohne es zu wissen, nutzt er die Joker, die Wandler und Vermittler zwischen den Seifenblasen, und lässt sie für sich arbeiten.

Wenn man die Joker nur einmal wirklich zu fassen kriegen würde! Millionen Hände greifen ins Außen, erwischen die Mütze, das Hemd, den Schuh des Jokers. Aber der Joker hat kein Hemd, er hat keinen Schuh und keine Mütze. Der Joker erscheint auf jedem Fest in einem anderen Gewand und ist immer angemessen gekleidet. Sollte er die Etikette ein wenig verletzen, so wird nur eine neue Etikette daraus. Er ist die Avantgarde, die von jedem akzeptiert wird. Der Joker ist immer in und niemals out.

Er präsentiert uns das Außen wie es ihm beliebt. Er umgibt uns, umfließt uns, küsst uns die Augen, den Mund, die Ohren, die Fingerkuppen, empfängt unser Drücken und Schlagen, unseren Atem, unsere Laute. Er ist unser Gegenüber, der unsere Sprache spricht und mit seinen anderen Oberflächen, die an andere rühren, deren Sprache spricht.

Lasst uns eine Waldmesse lesen, eine Messe für die Joker. Sie sollen uns andächtig lauschen. Sie hören unser Wort und machen das ihre daraus. Sie flüstern es den Bäumen ins Ohr, den Pilzen, den Füchsen und Spechten, den Würmern und Kröten. Jedem erzählen sie das ihre. Auch das ist Pfingsten. Die maßlose, die unglaublichste aller Übersetzungen. Die Übersetzung ohne jeden Inhalt. Die Joker sind die Übermittler des Anstoßes und beim Übermitteln wandeln sie den Stoß. Die Kröte hört alles auf krötisch, der Fuchs alles auf fuchsisch. Unser menschliches Wort hören nur wir selbst, wie Watte dämpfen und verschlucken es die Joker und murmeln ihr Gemurmel. Manchmal murmeln sie sogar ohne Anlass, ohne dass wir ihnen ein Wort oder auch nur eine Geste zugeworfen hätten. Sie übersetzen etwas, das nicht ausgedrückt wurde. (Man kann nicht nicht kommunizieren, sagte Watzlawick.) Wir sind ihnen ausgeliefert. Wir gehen in den Wald und die Joker rufen allen Waldbewohnern zu: „Gefahr ist zu euch unterwegs!" Alle laufen davon, verstecken sich, halten Abstand.

Das Fragemächtige lockt die Joker an. Das ist die entscheidende Eigenschaft alles Lebenden: Fragen stellen können. Fragen heißt, einen Mangel äußern und mit dem Nächstbesten, aber nur mit diesem, diesen Mangel zu stopfen. Fragen sind gezielt. Auch wenn das konkrete Ziel selbst unbekannt ist, so ist die Gattung bereits festgelegt. Die Frage definiert die Ordnung, in die sich die Antwort einfinden muss. Mit Fragen fragt man nach etwas Bestimmten. Nicht alles taugt als Antwort. Der Fragemächtige ist ein Feinschmecker, soweit es die Verhältnisse und die Größe seines Bedürfnisses erlauben. Selektivität ist das Kennzeichen des Lebendigen. Ordnung ist eine Form von Entschiedenheit. Nicht alles zu akzeptieren, obwohl man unstillbaren Hunger hat, dieser Stolz, dieser Hochmut vor dem Fall, das ist das Lebendige. Es ist keine heitere, aber eine noble Geste, noch vor dem Untergang nach einem Apfelbäumchen zu verlangen und das Birnenbäumchen, das statt dessen angeboten wird, auszuschlagen – das ist alles, was das Lebendige aus dem Grab der toten Materie heraussteigen lässt.

Die Beherrschung der Joker ist unsere wichtigste Aufgabe. Unser Überleben, das Gelingen unserer Vorhaben hängt davon ab, wie wir die Joker überlisten. Es ist gerade so, wie wenn man sich unsichtbare Geister zu Diensten machen möchte. Unser Verhältnis zur Welt hat sich über die Zeiten nicht wirklich gewandelt. Wir sind immer noch dieselben Schamanen und Voodoo-Priester wie ehedem. Das mächtigste Wissen der Menschen ist das Wissen um die Joker und dieses Wissen begleitet uns schon lange, unabhängig davon welches Wort wir dafür finden. Es ist egal, ob wir unseren Blick in die Zukunft, die Vermutung oder Gewissheit hinter unserer Erwartung, Magie oder Wissenschaft nennen. Es ist immer ein Zählen auf die Joker. Es ist unser Hoffen, dass die Joker auf unsere Beschwörung in der erwarteten Weise reagieren und uns das bringen, nach dem wir verlangen, dass sie alles so übersetzen, dass wir davon profitieren.

Dass unsere Beschwörung Wünsche erfüllt, verdanken wir den Jokern. Sie gehen durch den Wald und stoßen die Wildschweine und Füchse an, treiben sie in die Richtung, in der wir sie haben wollen. Wir legen Hand an den Genhaushalt der Lebewesen und die Joker machen aus unseren tollpatschigen Handlungen sinnvolle Taten im jeweiligen System, die uns größere und süßere Äpfel zuwachsen lassen, fettreichere Milch und magereres Fleisch. Wir ziehen uns fein an und wenn die Joker es wollen, erscheinen wir distinguiert, obwohl wir gerade noch die Kühe gemolken und den Stall entmistet haben. Sie sind Brücken und Wandler und Ketten aus Brücken und Wandlern. Wir vollführen die Riten, verkaufen Feldfrüchte, bezahlen Rechnungen und die Ketten machen, dass nachts Atomenergie die Glühbirnen zum Leuchten bringt. Die Joker kümmern sich um die Details. Wir wissen von der Welt, den anderen, ja sogar von uns, nur das, was die Joker uns wissen lassen. Das muss zum Überleben reichen, den Rest besorgen die Joker. Der Joker ist der Gefängniswärter mit dem Schlüsselbund.

Wie lassen sich die unbeschreiblichen Joker beschreiben? Sie haben mehrere inkommensurable Enden. Sie sind nicht beherrschbar. Sie manipulieren uns. Sie sind die einzige Möglichkeit, um in der Welt zu sein, um mit anderen zu sein.

Struktur und Medium

Medium

Die Menschen schweben durch den Raum. Mit leichten Ruderbewegungen geben sie sich Richtung. Treiben dorthin oder hierhin. Sie durchqueren einen sanften Widerstand. Sie spüren eine zärtliche Berührung überall auf der Haut. Sie liegen meist im Raum, gerade auch dann, wenn sie sich fortbewegen. Der sanfte Widerstand trennt sie voneinander und verbindet sie auch. Von außen betrachtet sind sie alle verbunden. Sie schwimmen alle im selben Wasser.

Im Schwimmbecken haben sie das übliche Medium zum Teil verlassen und sich in ein anderes begeben, Luft teilweise gegen Wasser getauscht. Das Wasser ist ein deutlicheres Medium für die Menschen. Es ist widerständiger. Es erfordert Anpassung in Bewegung und Verhalten. Es ist nicht so lebensfreundlich. Man muss sich davor hüten, von seinem stets offenen Maul verschluckt zu werden. Es ist kein akzeptables Medium für die Lungen. Es schiebt sich aber zwischen den Körper und die Schwerkraft. Es ermöglicht zu fliegen.

Zwischen uns ist höchstens die Metapher vom Nichts, sicherlich aber kein wirkliches Nichts. Es ist immer etwas da. Etwas trennt und verbindet alles auf der Welt. Irgendein Medium stellt die Verbindung her, koppelt alles aneinander. Das absolute Vakuum ist schwer denkbar. Deswegen nahmen wir an, dass das Universum von Äther erfüllt sei. Das Medium erschien notwendig, damit es zum Beispiel die Lichtwellen trägt. Die Wellen breiten sich in einem Medium aus. Die Information benötigt einen Leiter. Die Welt muss eine Welt ohne Lücken sein. Die Linien dürfen nicht unterbrochen werden. Die Ursache-Wirkungs-Ketten müssen weiterlaufen, sonst endet die Geschichte. Sie endet wie die Zeit am Ereignishorizont eines schwarzen Loches. Das Nichts ist undenkbar und wenn auch kein Elementarteilchen vorhanden ist, ist da immer noch der Raum. Der Raum, auch wenn er leer ist, ist mehr als ein Nichts. Die Vorstellung eines leeren Raumes ist das Maximum an Nichts, das unser Gehirn verkraftet.

Irgendein Medium trennt und verbindet alles. Aber das ist nicht das Einzige, was das Medium leistet. Durch das Leben erhält das Medium noch ganz andere Bedeutungen. Es wird zum Träger, zum Sättiger und Durststiller. Es ist der Speck für die Made. Die Lebensformen fressen sich wie Maden durch ihr Medium. Wir sprechen von paradiesischen Verhältnissen. Der Berg von Griesbrei, durch den man sich fressen muss, um ins Schlaraffenland zu kommen, ist das Schlaraffenland selbst.

Das Medium trennt und verbindet alle und alles. Es gibt aber Grade der Trennung und Verbindung. Die Teilhabe macht den Unterschied. Teilhabe beruht auf Bedürfnis, auf Abhängigkeit. Diejenigen, die des Mediums bedürfen, bilden eine Schicksalsgemeinschaft. Sie teilen eine erzwungene Verwandtschaft. Sie sitzen im selben Boot, das keiner von ihnen verlassen kann, ohne zu sterben. Die Luft zwischen den Bergen ermöglicht Berge zu unterscheiden. Sie ist nur Zwischenraum und Trennung. Die Vögel aber, die zwischen und über den Bergen fliegen, sind von ihr abhängig. Die Luft ist ihr gemeinsamer Raum und ihre Verbindung.

Die Bedeutung des Mediums hängt von Art und Intensität der Teilhabe ab. Die Teilhabe der Vögel an der Luft ist anders als die der Lebewesen, die nicht fliegen können. Die Teilhabe des Atmens wird noch erweitert durch die Teilhabe des Fliegens. Medien sind lebensdienlich, solange ihre Antwort auf die Bitte der Lebewesen um Teilhabe „Ja!" lautet. Wehe, sie lautet „Nein!". Die Grenze zwischen verschiedenen Medien wird dann zur Lebensgrenze. Da das Wasser den Landtieren das Atmen verwehrt, kann es sie töten. Die Elemente bilden Lebens- und Todesbereiche und scheiden damit Lebewesen voneinander.

Medien gliedern den Raum. Das „Ja" des Mediums bestimmt die Bewegungsfreiheit. Landkarten sind merkwürdige Abstraktionen. Sie sind vom Menschen gemacht, sehen aber teilweise aus, als wären sie nicht für ihn bestimmt. Sie zeigen eine Draufsicht aus der Vogelperspektive ohne Unterscheidung von Lebens- und Todesbereichen. In alten Karten waren sie noch verzeichnet. Meeresungeheuer, Riesenkraken und Seejungfrauen kündeten von Gefahren. Bereiche die tödlich waren, blieben weiß. Was soll man dort auch suchen, außer seinen Tod.

Die Teilhabe ist intim. Weil selbstverständlich und dauernd im Gange, liegen Bedeutung und Intensität verborgen. Die Teilhabe ist wie ein sinnlicher Kuss. Sie ist der lebenspendendste aller Lebensakte. Der Mund, dieses Sinneszentrum, ist die Pforte zur Grotte des Leibes. Der Luftzug beim Atmen berührt die Lippen, schlägt an die Nasenflügel. Das Medium fließt ins Innerste und berührt und füllt von innen den Leib. Und es bringt Botschaften mit. Gerüche von anderem Leben, Schall, der Nachrichten enthält. Durch das Medium wird die Präsenz anderen Lebens vermittelt. Das Medium ist unsere Lebenswelt, eine gemeinsame Lebenswelt.

Raum

Die Geschichte beginnt zuhause. Sie beginnt in der Wiege, in der Erdhöhle, im Nest. Sie beginnt in der Nähe der Eltern, in der Umsorgung. Das Vertraute, das Intime steht am Anfang. Die Welt ist so weit wie die kurzen Arme reichen. Der erste Ort, der später verlassen werden kann und der bewegliche Ort, den man immer innehat, sind am Anfang fast identisch. Leib und Umgebung sind vielleicht noch gar nicht getrennt.

Doch mit der Zeit gewinnt man an Beweglichkeit und die Welt wandelt sich. Die ursprüngliche Gestalt war ein gleichmäßiges Drumherum. Doch später gibt es Durchgänge und Hindernisse, Wege und Grade der Vertrautheit. Das eigene Zimmer, das Wohnzimmer, die Küche, der Flur, der Ast, auf dem das Nest sitzt, die Büsche vor der Erdhöhle - die Wege werden immer länger. Die Welt ist niemals ein gleichmäßiger Raum. Die Welt gliedert sich immer in Wege und Orte. Man denke nicht an eine Karte, in die man die Wege und Orte einzeichnet. So eine Vorstellung beruht auf dem gleichmäßigen Raum. Man denke vielmehr an einen Wechsel in der Dominanz von Aspekten. Ist man auf dem Weg, herrscht die Bewegung vor und die Aufmerksamkeit ist auf das Ziel gerichtet, den Ort, den man erreichen will. Ist man am Ort, so nimmt sich die Bewegung zurück und das Bleiben tritt hervor. Die Aufmerksamkeit richtet sich auf die Verrichtungen am Ort.

Es ist fast wie bei einer U-Bahnfahrt. An einem Ort steigt man in die Erde hinein. Man betritt die Bahn und fährt ein Stück, dann steigt man aus der Erde hinaus zum neuen Ort. Die Fortbewegung ist Nebensache. Dadurch, dass man fortgetragen wird und selbst nur noch wenige Schritte setzen muss, wird die Bewegung, der Ortswechsel noch blasser. Man entmaterialisiert an einem Ort und erscheint am nächsten. Die Wege sind Durchlässe, Flüsse, die einen tragen. An den Orten strandet man. Sie sind Lichtungen, Inseln, Vertrautes oder bald Vertrautes umgeben vom Fremden.

Das Netz der Wege und Orte bezeichnet den erlebten Raum. Die Häufigkeit ihrer Nutzung hebt sie unterschiedlich deutlich hervor. Hinzu kommen potenzielle Wege und Orte, die sich verschieden stark abzeichnen, je nach Wahrscheinlichkeit, dass sie für eine Inanspruchnahme in Frage kommen. Wie sehr wünscht man sich einen Ort zu erreichen? Welchen Weg bevorzugt man, um dorthin zu gelangen?

Die Orte sind mehr oder weniger ausgedehnt. Zimmer schaffen durch ihre Wände klare Grenzen, die Außenwände eines Gebäudes sind die nächsten Schwellen. Wie weit der Blick reicht, kann die Ausdehnung eines Ortes bestimmen. Umgeben vom offenen Horizont scheint der Ort alles auszufüllen. Man befindet sich einfach in der Welt. Oder aber es schlägt um und der Ort ist nur die Stelle des Hier, der eigene Leib. Die Welt jedoch liegt draußen, außerhalb.

Der Raum der Tiere scheint auch in Wege und Orte gegliedert, das heißt in Bewegung und Bleiben. Viele wilde Tiere nutzen immer die gleichen Wege. Die Jäger nennen sie Wechsel. Weg ist nichts anderes als der Wechsel von Orten. Wird auf einem Weg innegehalten, so wird die Stelle plötzlich zum Ort. Das Tier wittert etwas. Es analysiert den Ort mit seinen Sinnen. Der Raum hatte in der Bewegung eine Richtung, im Bleiben liegt er um es herum, birgt eventuell Gefahr.

Das Hier ist immer bei uns und dennoch wandelt es sich. Es nimmt Tönungen an. Es erscheint gesichert oder bedroht. Es erscheint ausgesetzt oder geborgen. Das Hier tritt in Wechselwirkung mit den Wegen und Orten, auf denen es sich befindet. Die Wege und Orte werden dadurch, dass sie aufgesucht werden, angeeignet. Man erstreckt sich in sie hinein, und umgekehrt gehen sie uns an. Das ist wohl der Ursprung für die Streifgebiete, die Reviere von Tieren und Menschen. Die Kennzeichnung durch Kot, Duftmarken, Zwitschern, Heulen und Betreten-verboten-Schilder materialisiert diese Verbindung und macht sie sichtbar.

Raum wird nicht erlitten. Raum wird durch Bewegung erobert. Auch wenn die ersten Bewegungen passiv sind, weil man herumgetragen wird, später wird der Raum aktiv erkrabbelt, erlaufen, erschwommen, ertaucht, ergraben oder erflogen. Die Bewegung dehnt den Raum aus. In der Bewegung wird Raum zum Besitz – Besitz, der auch entrissen werden kann. Man wird verjagt oder es droht Gefahr, der man sich besser nicht aussetzt.

Nicht immer muss der Raum an einen gekettet sein. Nicht jeder Raum, der erfahren wird, muss zum besessenen Raum, zum bewohnten Raum werden. Es gibt auch das Raumerleben des Reisens. Reisen heißt nicht einfach nur, sich auf einen Weg bewegen. Die Bewegung mag zwar das Bleiben dominieren, aber das Bleiben gehört dazu. Zum Reisen gehört der Aufenthalt. Die Hand wird ausgestreckt. Aber anstatt, dass der neue Raum zu einem hingezogen wird, damit er einem gehört, zieht man sich selbst zum neuen Raum. Dabei bleibt ein Fuß im bewohnten Raum zurück. Die Rückkehr steht offen. Und ist diese verwehrt, so bleibt die Sehnsucht nach der Heimat. In der Ferne weilen mit einem Fuß in der Heimat - eine unbequeme Haltung. Man kann sie nicht allzu lange einnehmen. Man droht das Gleichgewicht zu verlieren.

Das Ziel der Reise ist meist unbekannt. Man kennt es vielleicht von Fotos und Filmen, hat es mit dem Finger auf der Karte bereits aufgesucht, oder man reist erneut an dasselbe Ziel oder durch eine Kette von Zielen. Geschieht das sehr oft, kann es passieren, dass man am Ziel, trotz aller gegenteiligen Beteuerungen und ohne es zu merken, eine Wohnung aufschlägt, sich den Raum ohne Absicht aneignet.

Das eigentliche Reiseziel ist aber die Heimkehr. Das Sichversichern des Eigenen. Man erkennt den eigenen Raum, wenn man sich ihm nähert, am Schwinden der Spannung, am Nachlassen der Aufmerksamkeit. Man wischt den Staub von den Büchern und mäht den Rasen. Man stellt die Mitbringsel auf. Das Reisen ist auch eine Bewegung des Einholens. Etwas wird mitgebracht von der Reise, die Erinnerungen an die Fremde und die Dinge, die diese Erinnerungen anstoßen sollen.

Der Aufenthalt in der Fremde ist gekennzeichnet durch die Dominanz der Beobachtung und des Auf-der-Hut-Seins. Selbst an Orten der Entspannung müssen zunächst Minuten der Unsicherheit und Anspannung überwunden werden. Der fremde Ort wird hingenommen. Wenn er nicht hinnehmbar ist, weicht man aus. Er fordert Anpassung. Im bewohnten, eigenen Raum ist das anders. Hier herrschen Routine und Sicherheit. Der Raum wird gestaltet. Er ist es, der angepasst und gefügig gemacht wird.

Die Ausdehnung des Raumes im Reisen ist temporär. Sie erfolgt nur vorübergehend, eben im Vorübergehen. Reisen auch die Tiere? Reisen Zugvögel? Sie haben einen Ort für die Überwinterung und einen für den Sommer. Im Sommerquartier bauen sie Nester und ziehen ihre Jungen auf. Ihr Revier, ihr angeeigneter Raum, liegt im Sommer. Sie reisen aber jedes Jahr und verbleiben lange im Winterquartier. Das lässt vermuten, dass es sich um zwei angeeignete Räume handelt.

Die Strenge der Trennung zwischen bereistem und bewohntem Raum lässt sich nicht immer halten. Es liegen Übergänge dazwischen, diffuse Bereiche. Die Wohnung, die Bleibe, ist der Kern des bewohnten Raumes. Das ist der private Ort, das Haus, der Bau, das Nest. Hier herrscht Frieden, der, wenn es sein muss, erbittert verteidigt wird. Der Friede gilt der Familie, dem Rudel, der Sippe, aber nicht den anderen Artgenossen. Sie werden ferngehalten. Potenzielle Beute darf aber manchmal vom Frieden profitieren. Singvögelnester in unmittelbarer Nähe von Falkenhorsten bleiben unbehelligt, genauso wie Kaninchenbauten neben dem Fuchsbau vor Übergriffen sicher sind. Der Räuber gewährt der Beute Burgfrieden.

An die Wohnstatt schließt sich das Revier oder Streifgebiet an. Auch dieser Raum ist bewohnt und wird besessen. Doch der Anspruch ist weniger rigoros. Dieser Weg-Ort-Zusammenhang könnte sich ausdehnen oder schrumpfen. Er könnte teilweise für Konkurrenten durchlässig sein. Je größer er ist, umso durchlässiger wird er. Weil man selbst nicht überall anwesend sein kann, wird der Besitz mit Zeichen versehen. Stellvertreter, zum Beispiel Gerüche und Laute, bewachen das Gebiet.

Dann gibt es die Nomaden. Diese Tiere befinden sich ständig in Bewegung. Sie folgen in Herden dem wandernden Regengebiet und ziehen zu immer neuen Weideflächen. Sie ziehen über das Jahr hin und her. Auch Menschen kennen diese Bewegungs- und Wohnform. Reisen die Nomaden? Ich denke nicht. Es bleibt kein Fuß in einer Wohnstatt zurück. Sie besitzen eine bewegliche Bleibe. Hier ist ein Konvergenzpunkt erreicht: Weg und Ort fallen zusammen. Die Heimat ist in Bewegung. Die Fremde ist eine Bewegung außerhalb der vertrauten Bewegung oder der Stillstand, das Verharren, und das damit verbundene Erleben von Jahreszeiten, die an dieser Stelle vorher noch nie erlebt wurden.

Zeit

Die Sühne folgt auf die Schuld, die Belohnung auf die gelungene Tat. Das Nacheinander, das Konsequenzenhaben, das ist die Zeit. Sie ist ein Erzähler. Am Lagerfeuer sitzt sie und spricht von der Abfolge der Geschehnisse. Wir hören ihr zu. Wir können nicht anders.

Unsere Aufmerksamkeit hat nur eine geringe Breite. Unsere kleinen Hände halten immer nur wenige Erzählfäden. Wir gewahren nur einzelne, kurze Ereignisketten, vielleicht sogar nur eine. Das verleitet uns zu meinen, die Zeit wäre eine Linie, ein Strich in der Landschaft. Ein Weg mit einer unbarmherzigen Richtung, aus dem es kein Entkommen gibt. Wir meinen, es gäbe keine Abzweigungen.

Wir vermuten die Vergangenheit im Rücken und die Zukunft vor unseren Augen, denn wir gehen vorwärts in die Zukunft hinein. Die nahe Zukunft sehen wir recht gut, die fernere verschwimmt mit der Ferne. Die Vergangenheit aber liegt hinter uns. Wir beachten sie meist nicht. Wir meinen, sie wäre festgeschrieben, dabei malen wir sie uns immer wieder anders aus. Auch wenn man wollte, könnte man nicht zurück. Nicht einmal die Götter können die Vergangenheit ändern.

Es gibt jedoch Kulturen, die sehen den Menschen in einer anderen Haltung gegenüber der Zeit. Dort gehen die Menschen den Weg mit dem Rücken voran. Sie sagen, das ist so, denn man kann nicht sehen, was da kommt. Die Vergangenheit aber liegt klar vor ihren Augen. Sie sagen, sie haben sie erlebt.

Wir folgen unserem Weg, doch wir vermuten, dass da mehr ist. Wir sind es immerhin gewohnt. Hinter dem Horizont geht es schließlich auch immer weiter. Wir ändern die Perspektive. Wir sehen auf unseren Weg von oben herab. Da erkennen wir viele Wege. Sie laufen wirr durcheinander. Sie kreuzen sich tausendfach. Es ist ein Netz. Es ist ein Knäuel. All diese Geschichten werden im selben Moment erzählt. Die Zeit wird zum Gemurmel, zum Brummen, zum Rauschen, zum Krach. Sie durchtönt alles. Sie ist allgegenwärtig.

Die Wege verzweigen sich ständig. Ein Geschehnis hat nicht nur eine Konsequenz. Es sind viele und es werden immer mehr, je weiter das Geschehnis zurückliegt. Die Konsequenzen fächern sich auf. Sie verbünden sich mit Konsequenzen anderer Geschehnisse. Es sind Tausende. Es sind Myriaden. Umgekehrt strömen Myriaden von Flüssen in das Ereignis hinein. Das Geschehnis selbst ist die Folge von Ereignisketten, Ereignisnetzen, Ereigniswust. Das Geschehnis ist ein Knotenpunkt. Aus unendlich vielen Ecken kommen die Fäden heran. Viele münden ineinander. Je näher am Geschehnis, desto weniger scheinen es zu sein, denn unser Auge fasst zusammen. Schließlich stürzen sie in das Geschehnis hinein, kreuzen sich, gehen hindurch und laufen wieder auseinander in immer neuen Verzweigungen, um in anderen unendlich vielen Ecken wieder zu verschwinden. In jedem Ereignis, auf jeder Stelle der Wege, wiederholt sich das Bild. Was für eine Inflation der Unendlichkeiten. Wie soll man da noch Ereignisse unterscheiden?

Die Unterscheidung wird getroffen. Sie wird festgelegt. Wir gliedern unseren Weg in Etappen, damit wir ihn uns erzählen können. Wir halten unseren Blick gerade. Wir schauen nicht links und nicht rechts und wir schauen nicht zu weit in die Ferne. Die Ursache, das ist eine Etappe zurück und das Verleugnen eines Wustes weiterer Ereignisfäden. Die Wirkung, das ist eine Etappe nach vorn und kaum einen Schritt weiter und vor allem keinen zur Seite. Wir hören nur auf einen Erzähler. Wir hören nur auf unsere Zeit und wir bestimmen, was die Zeit uns erzählt, denn die Zeit möchte uns unterhalten. Also stellt sie sich auf uns ein. Sie erzählt eine Geschichte, die uns gefällt, eine spannende, faszinierende Geschichte. Erzählt sie eine langweilige, eine zum Einschlafen, dann ist das ihre kleine Rache. Sie rächt sich, weil wir nicht gut mit ihr umgehen.

Die Zeit, das sind wir. Die Zeit die zählt, die, die erzählt, das ist die von uns gemachte. Die andere, die sogenannte objektive Zeit, die für alle gleich sein soll und die stetig dahinfließt, das ist eine erfundene. Obwohl von uns erfunden, geht sie uns viel weniger an. Sie fließt vielleicht neben uns her. Man kann mit Apparaten auf sie deuten. Sie ist der Erzähler, auf den die Physik hört. Aber sie repräsentiert keine Menschenzeit. Sie ist auch nicht die Zeit sonst eines Lebewesens.

Diese Zeit ist eine Extrapolation, eine abstrakte Zusammenfassung. Wir können keinen Inhalt angeben. Diese Zeit ist niemals sichtbar. Was wir erkennen, ist das Nacheinander der Geschehnisse. Wir erleben die unterschiedliche Dauer von Prozessen oder von Phasen in Prozessen. Wir vergleichen Geschwindigkeiten. Wenn wir von Zeit sprechen, meinen wir einen dieser Aspekte. Zeit fasst etwas zusammen, das im Nacheinander, in der Dauer und in der Geschwindigkeit vorkommt. Dabei sind alle drei gar nicht oder nur teilweise ineinander überführbar. Für das Nacheinander ist die Dauer der Momente in der Folge irrelevant. Auch die Geschwindigkeit des Ablaufs spielt dafür keine Rolle. Zwischen Dauer und Geschwindigkeit lässt sich eine Brücke bauen. Wir könnten von der Dauer einer Entwicklung sprechen, was dann der Geschwindigkeit, mit der sie abläuft, entspricht. Dennoch gehen beide nicht eins zu eins ineinander auf. Gleichbleibende Phasen im Prozess haben eine Dauer, aber da sich nichts verändert, kann man nicht von Geschwindigkeit sprechen. Genaugenommen ist die Geschwindigkeit ein Produkt von Dauer und Nacheinander. Wo eins von beiden fehlt, kann sie nicht erscheinen.

Man könnte nun den Fehler machen zu meinen, Dauer und Zeit fielen zusammen. Sind nicht beide notwendig und streng allgemein? Sind sie also Synonyme und bezeichnen sie dieselbe kantische Anschauungsform? Muss nicht alles, damit es in unserer Vorstellung von der Welt überhaupt existiert, dauern? - mitnichten. Man stelle sich einen Würfel vor. Nun schrumpft er. Er schrumpft, bis er zum ausdehnungslosen Punkt wird. Der Punkt existiert im Raum, ohne Raum einzunehmen. Er wird durch den Raum gehalten. Er ist pure Position. So ist es auch mit der Dauer. Die Dauer der Existenz des Würfels schrumpft. Sie schrumpft, bis sie zum ausdehnungslosen Moment wird, zum Zeitpunkt. Der Zeitpunkt existiert in der Zeit, ohne zu dauern. Aber auch solch eine Überlegung ist eine logische Fingerübung und erzählt von einer toten Zeit, die dem Leben nichts bedeuten kann.

Der allumfassende abstrakte Raum, der alles Räumliche samt den unausgedehnten Positionen enthält und die allumfassende abstrakte Zeit, die alles Dauernde und auch Zeitpunkte enthält, sind ein spät gefundener Hintergrund. Sie sind Objekte der Hinterwelt, nicht aber der Lebenswelt. Wege und Orte sowie Nacheinander, Dauer und Geschwindigkeit machen unsere Welt aus. Raum und Zeit dagegen kennen wir aus Büchern. Sie wurden uns von grauen Damen und Herren gelehrt. Wir können sie nicht wirklich verwenden. Wenn hier von Zeit die Rede ist, dann ist das Konglomerat, der zusammengewebte Stoff aus Nacheinander, Dauer und Geschwindigkeit gemeint. Denn wenn wir von Zeit reden, treten uns immer alle drei entgegen, unabhängig davon, wer von ihnen vorne steht und uns ins Gesicht sieht.

Eine Zeit heißt Körperzeit und die ist nichts anderes als Wachstums- und Zerfallszeit. Der Bios schlägt einen Bogen. Zunächst kommt die Akkumulation, danach der Zerfall. Zunächst nimmt die Bewegung zu, bis der größtmögliche Lebensraum erobert ist, um dann in einem immer kleiner werdenden Kreisen dem Stillstand zuzustürzen. Bios-Zeit ist ein Ein- und Ausatmen der Ordnung. Bios-Zeit folgt einer vorherbestimmten Bahn. Sie ist selbst die Verwirklichung einer Ordnung. Es geht um Reifung und den richtigen Zeitpunkt. Es geht um Lebensphasen, die nacheinander abgearbeitet werden müssen. Alles hat seine Zeit. Spielen hat seine Zeit. Fortpflanzung hat seine Zeit. Beschützen hat seine Zeit. Sterben hat seine Zeit.

Dann gibt es auch noch die Zeit der Verarbeitungs-geschwindigkeit, die Gehirnzeit. Der Takt des Prozessors gibt den Ton an. Die Verarbeitungskapazität zusammen mit der anstürmenden Menge der Informationen bestimmt das Metrum der Wahrnehmung. Der Kinofilm ist an unsere Zeit angepasst. 24 Bilder pro Sekunde, das ist genug, um eine Filmhandlung, eine fast perfekte Illusion der Wirklichkeit, aber nicht ratternde Bilder zu sehen. Eine Fliege würde 36 Bilder pro Sekunde benötigen, um sich täuschen lassen zu können. Ihre Zeit läuft schneller als die unsere. Sie kann Zeit genauer wahrnehmen. Sie teilt sie in kleinere Stücke. In unserer Zeit ist die Fliege unglaublich schnell, in ihrer sind wir träge und langsam. Geschwindigkeit ist relativ. Zeit ist relativ, hier aber anders als Einstein es meint. Unsere innere Taktung bestimmt die notwendige Mindestdauer, die nötig ist, damit ein Moment entsteht.

Das Gehirn scheitert am Ideal der abstrakten Zeit. Zeit soll laut dieser Ansicht nicht aus Quanten bestehen. Teilen wir einen Zeitabschnitt in zwei Teile, so können wir diese Teile wieder unterteilen und wieder und wieder, ohne Ende. Das sagt uns Zenon und unser geschulter Menschenverstand. Aber der Bios weigert sich. Er geht bis an eine Schwelle und hinter der Schwelle sind die Dinge zu klein oder zu kurzfristig, um zu existieren. Das Ereignis hat noch Dauer, aber zu wenig für die interne Taktung. Ein Blitz der weniger als eine gewisse Anzahl an Millisekunden aufleuchtet, hat nie geleuchtet. Er wird vom Bios verleugnet, ohne dass dieser lügt, denn die Wahrheit sieht für ihn eben anders aus. Seid gnädig, gebt ihm wenigstens die Dauer zwischen zwei Schlägen des Taktes, um von ihm Wahrhaftigkeit zu fordern.

Und schließlich ist da noch die Zeit der Psyche. Diese Zeit ist uns ganz nah. Sie ist Wachzeit, Bewusstseinszeit. Dieses Erleben ist für uns das Muster von Zeit. Sie bestimmt die Farbe des Bildes, das wir von ihr haben. Müssten wir auf eine Substanz der Zeit deuten, würden wir dorthin deuten. So stellen wir uns die Zeit vor. Sie ist die gefühlte Größe, die wir am ehesten anhand ihrer Widerständigkeit oder Durchlässigkeit angeben. Sie fliegt dahin oder sie klebt zäh an Körper und Geist. Sie hemmt und erdrückt oder hebt uns hinweg, flieht vor uns oder lockt uns.

Zeit wird vom Lebewesen produziert. Seien es die Phasen der Körperzeit, die Taktung der Gehirnzeit oder die Färbung der Psychezeit – wieder unterjocht das Innere die Welt. Wieder treiben Uexkülls Seifenblasen umher, mit je ihrer eigenen Welt an Bord. In der Seifenblase existiert nur die Zeit des Subjekts. In der Seifenblase des Menschen ist die Fliege zu schnell. Eine eigene Zeit hat sie nicht. Umgekehrt sind in der Fliegenwelt die

Menschen träge und alles, wirklich alles, spielt sich in Fliegenzeit ab.

Innerhalb der Seifenblase ist die Synchronität kein Problem, auch wenn einem einiges zu schnell oder zu langsam vorkommt, denn es gibt nur eine Zeit. Aber vom Standpunkt außerhalb der Seifenblasen betrachtet, beruht alles auf Missverständnissen. Das Zusammenspiel, die Symphonie, ist ständig von Asynchronität bedroht. Wieder fehlt die Partitur, von der alle ablesen.

Raum-Zeit-Labyrinth

Der Raum plustert den Moment auf. Er wirft die Welt vor uns auf. Er ist der Querschnitt durch die Unzahl der Geschehnisketten und Geschehnisnetze. Umgekehrt hängt an jedem Moment wie ein Rad um den Hals, wie ein Mühlstein, wie ein Strahlenkranz, der ganze Raum. Raum und Zeit eröffnen ein buntes, schillerndes Kräftefeld voller Möglichkeiten, das wir Lebewesen durchstreifen, weil wir geworden sind, um uns darin zurechtzufinden, ohne dass wir wüssten, was wir da tun.

Die gleichmäßig verlaufende Zeit, der monotone Zeitstrom und der in drei Dimensionen ausgerichtete, monotone Raum, sind äußerste Abstraktionen der Erfahrung. Das sieht man allein schon daran, dass alle äußere Erfahrung räumlich, alle Erfahrung, egal ob innere oder äußere, zeitlich ist. Zeit und Raum schälen sich heraus, wenn man alles andere abschält. Tötet man die Qualitäten, bleiben nur Quantitäten. Und entfernt man auch noch die Zahl, dann bleibt nur noch ein dumpfes Gefühl von Zeit und Raum. Eine Leere, die kein Nichts sein soll. Ins Unendliche gehende Vektoren, Orientierungen ohne Zielpunkt, somit Orientierungen, die nicht dazu taugen, etwas zu finden. Eine Erkenntnis die so grundlegend ist, dass sie nutzlos ist. Das Behältnis ist derart entleert, dass es wie eine Zeichnung erscheint, aus der man alle Striche entfernt hat. Es ist so, also ob man aus einem Bild alle Farben gelöscht hätte und das weiße Papier oder die Leinwand nun ausstellte, zum Gegenstand der Betrachtung machte. Nein, es ist noch schlimmer, es ist als ob man die Leinwand auch noch entfernt hätte, auch den Rahmen, auch die

Wand, das Museum, das Universum, einfach alles. Es handelt sich im Grunde um eine unzulässige Vereinfachung. Man ist wie mit Blindheit geschlagen. Die leere monotone Zeit, der leere monotone Raum, das ist wie der Tod ohne Sterbende.

Wenn man nur mit den Metaphern ernst machen würde, Metaphern wie der vom Fluss der Zeit. Wenn man endlich genau hinsehen würde, dann würde man die Stromschnellen erkennen, die Überschwemmungen, Versandungen, die Wirbel, den Rückstau, die toten Wasserarme, die unterschiedliche Temperatur, die unterschiedliche Kraft. Man würde sehen, dass der Fluss manchmal so kräftig ist, dass er Felsen transportiert und deren Kanten abschlägt, dass er sie manchmal aber auch nur umspülen kann und langsam mit Kies und Sand zuschütten, dass seine Kraft mal nur für Kieselsteine, mal nur für Sand, und manchmal gerade noch für feine Schwebstoffe reicht und an manchen Stellen, zu manchen Zeiten, auch diese von ihm in Ruhe gelassen langsam zu Boden sinken. Serres spricht von einer dynamischen Zeit, einer Zeit, die sickert. Wenn man von Zeit sprechen will, muss man die extreme Abstraktion, die sie entleert und monotonisiert zurückweisen. Man muss näher an der Erfahrung bleiben. Man darf sie nicht ihr Leben aushauchen lassen. Wir studieren am lebenden Objekt.

Die Zeit hat Lücken, die wir vermuten. Wir haben geschlafen, aber andere blieben wach und erzählen uns, was angeblich vorging. Die Uhren haben unerbittlich weitergetickt, wir erkennen das an der veränderten Anzeige am Morgen. Wir hatten Träume, die aber außerhalb der Hauptströmung liegen, wie abgehackte kleine Flüsse. Es gibt viele Indizien, daher vermuten wir Lücken. Es sind aber nur Vermutungen, sie stehen außerhalb unserer selbst. Wir vertrauen darauf, dass die Spuren uns nicht trügen. Und wieder werden wir Opfer der Abstraktion. Bleiben wir dort, wo die Zeit sich zeigt. Wo die Zeit sich zeigt? Die "Zeit"? Das Wort "Zeit" ist eine noch tödlichere Abstraktion als die Leere, die die Entleerung der Erfahrung hinterlässt. Ein Zeichen, das etwas anzeigt, das sich aufgrund des Anzeigens davonstehlen kann. Wir hüpfen von Zeichen zu Zeichen, weil wir sie todernst nehmen und weil wir gar kein Interesse mehr daran haben, das aufzusuchen, was sie anzeigen. Das würde uns nur bremsen. Ich halte also auf der einen Seite diesen Punkt ohne Ausdehnung, das kristallene Wort in der glatten Hand und auf der anderen Seite reißt mir der Strom die Hand weg, lässt er sie verhärmen und verfaulen, bläst er ihr Moleküle heraus und integriert neue. Die einzige Verbindung, die zwischen den beiden besteht, bin ich, der Knoten zwischen der einen und der anderen Hand. Ich bin der Dominostein, auf den zwei unterschiedliche Zahlen aufgeprägt sind und die nur deswegen zueinander gehören. Sehe ich auf den Punkt, erkenne ich nichts, obwohl ich meine, damit alles mit meiner Hand zu umfassen. Sehe ich auf die Leere der monotonen Zeit, erkenne ich immer noch nichts. Vielleicht spüre ich einen Anflug von Sehnsucht, eine Anmutung von Bewegung, aber da nichts da ist, das sich bewegt, bleibt nur Hunger ohne Hoffnung auf Nahrung - auch eine Erkenntnis.

Ich kann den Punkt nicht wegwerfen, wenn ich erzählen will. Er ist der Galgen, an den ich die vielen Erfahrungen aufknüpfen kann. Er ist ihr Zusammenhalt. Er ermöglicht erst die Variabilität. Er ist das Band, mit dem ich den Strauß der variablen Zeiten zusammenhalte. Ohne ihn gäbe es nur viele monotone Blumen und keinen bunten Strauß. Ich brauche ihn. Ich fürchte ihn. Ich spreche vom Punkt und hänge an ihn meine Sätze. .Jeder Satz müsste mit einem Punkt beginnen und nach hinten offen bleiben

Die Zeit sickert, fließt, wirbelt, stagniert. Sie tut das alles zur gleichen Zeit. Sie ist räumlich ausgebreitet, das ist das Geheimnis der Gleichzeitigkeit. Die dynamische Zeit braucht Platz. Sie braucht Stellen, an denen die Verwesung zurückgehalten wird, damit Vorräte für später möglich werden. Der Aufschub verleiht Macht, sagt Serres. Es gibt langsame und schnelle Prozesse. Es gibt die Schnell- und Langsamlebigen. Es gibt das Akkumulieren und Abstoßen, das Ein- und Ausatmen, die Zyklen und die Bögen. Es gibt das Keimen, das Klettern, das Sich-Treiben-Lassen, das Zupacken, das Verdauen, das Abwarten, das Hetzen, das Schleichen. Die Organismen haben sich der Variabilität der Zeit angepasst, sie für sich nutzbar gemacht. Bereits ihr Genom ist darauf ausgerichtet. Sie nisten in den verschiedenen Zeiten. Ihre Nischen sind Zeitnischen. Sie passen sich unterschiedlichen Strömungen an. Ihr Körper besteht aus verschiedenen Zeitkomponenten, aus Verwirbelungen, Zähflüssigem, Rückstau. Es ist ein Orchester, das um Harmonie bemüht ist. Missklang könnte tödlich enden. Nur wer mit der Variabilität der Zeit umzugehen weiß, kann überleben.

Die Organismen sind vor allem bemüht einander auszuweichen, denn die Welt ist überfüllt mit Leben: Leben, das leben will und Leben, das Leben nehmen will. Weitaus seltener wollen die Organismen einander begegnen. Die Berührung, das Aufeinandertreffen, zu steuern und zu koordinieren, ist eine lebenswichtige Aufgabe. Dazu muss man das vielarmige Flusssystem kennen, dieses Netz aus Zeitarmen.

Wir konnten nur deshalb auf die Idee kommen, die Zeit sei ein monotoner Fluss, weil wir uns dem Lebenskampf und der Lebensgemeinschaft ein gutes Stück weit entziehen konnten. Wir haben eine derartige Potenz erreicht, dass der Lebenszusammenhang uns jetzt wie ein kurz gehaltener Rasen erscheint, auf dem wir barfuß laufen können, weil wir alles Stachlige daraus entfernten. Früher sahen wir zu den Bäumen auf, waren wir umhüllt von Leben, das seine Blüten und Dornen gegen uns richtete und durch das wir mit offenen Armen und mit Pfeil und Bogen zogen. Weil es nicht mehr darauf ankam, konnten wir mit dem Gedanken der monotonen Zeit spielen. Woher kommt diese Abneigung gegen Qualitäten, diese Vorliebe für das Monotone? Ist das Teil unseres Hasses auf die Natur, aus der wir verstoßen wurden oder aus der wir uns selbst verstoßen haben?

Der Raum ist nicht anders als die Zeit. Er ist variabel, getönt, strukturiert, dynamisch. Er fördert und hemmt, er zieht zu sich und stößt ab, er hat Schichten, ist labyrinthisch. Er wandelt sich. Er ist voller Verheißung oder voller Gefahren. Er bietet Sicherheit oder Abenteuer, Nahrung oder Tod. Der Weg zieht uns mit sich. Das offene Land breitet sich und uns aus. Die Brücke verbindet. Der Wald umhüllt, schützt oder erwürgt. Er ermöglicht es, einander auszuweichen oder einander zu berühren. In ihm ist die Zeit unterschiedlich verteilt, und umgekehrt ist der Raum in der Zeit unterschiedlich verteilt.

Wir sollten die Trennung von Raum und Zeit gar nicht mehr aufrechterhalten. Sie sind zu eng ineinander verwoben. Viele, ja sogar die meisten, vielleicht sogar alle Eigenschaften sind analog. Vielleicht sind es sogar dieselben Eigenschaften von verschiedenen Seiten gesehen. Im Grunde handelt es sich um einen vierdimensionalen Raum oder eine vierdimensionale Zeit. Aber das ist alte Sprache, wenn man die vier Dimensionen bemüht, eine mit Abstraktion gesättigte Sprache. Wir haben es eher mit einem vieldimensionalen Konglomerat zu tun, dessen Dimensionen immer nur ein Stück weit reichen. ein Gebilde voller Brechungen, mit luftigen und mühelosen und mit dickflüssigen und schwerfälligen Zonen, mit Übergängen, mit Phasen, mit Brücken und Abgründen, Hemmnissen, Stolpersteinen, Förderbändern, Durchlässigem zwischen Teilen, in denen der Durchgang verwehrt wird. Dieses Konglomerat ist nicht nur passiv, wird nicht nur betreten, sondern ist aktiv und reißt, schiebt, lockt, drückt uns fort, mal mächtig, mal subtil, mal mit Gewalt, mal mit sanftem Flüstern. Wir sind hineingetaucht, sind selbst nur ein Phasen- oder Gebietskonglomerat. Es geht darum, den Zusammenhang zu denken. Nicht von oben und außen, sondern von innen, aus dem Herzen heraus. Wir brauchen eine Ambivalenz, eine Mischung, die nicht nur am Wort Mischung und Ambivalenz haltmacht. Aber das lässt sich nicht ausdrücken. Es geht um eine Haltung, die sich nur andeuten lässt. Man kann die Betonungen anders setzen, statt auf die Grenze, Wert auf die Brücken und Übergänge legen, statt Abstraktion Integration, Vereinnahmung, den Krieg in einer Umarmung beenden.

Um das denken zu können, muss man sich selbst, das Ich, die eigene Identität ausdehnen. Statt ein Punkt in einer Fläche zu sein, ein Knoten in einem Netz, ein Stein in einem Meer, muss man sich zumindest in einer Dimension erstrecken, muss man zumindest zu einem Faden werden. Der Faden schlängelt sich hindurch, berührt die einen, vermeidet andere Fäden. Er symbolisiert eine Erstreckung im Zeit-Raum-Zusammenhang. Mehr noch, er ist Punkt und Erstreckung in einem zugleich. Ein eingewobenes Selbst, gehalten von allen anderen Fäden, unentwirrbar verknüpft, dennoch ein Individuum, weil im Querschnitt immer noch ein Punkt. Jedes Ich ist changierend, pulsierend, sich erstreckend, verwoben, viele ohne in viele zu zerfallen. Wer wir sind, können wir nur über Umwege verstehen, denn wir sind selbst Umwege. Wir verstehen uns über verschiedene andere, zu verschiedenen Zeiten, an verschiedenen Plätzen, immer wieder neu. Das Außen ist essenziell für unser Innen, die Verflechtung mit der Welt unser innigstes Wesen.

Sprache

Lasst uns miteinander sprechen. Lasst uns über alles sprechen. Die Sprache ist eine eigenartige Sache. So völlig bildlos und doch voller Bilder. Wörter sind vor allem und über alle Maßen Abstraktion. Sie beziehen sich auf Qualitäten, die sie selbst nicht aufweisen. Sie sind Zeichen, absichtlich geschaffene Spuren, die einen Weg weisen. Wir sind uns dieser Verbindung zwischen Zeichen und Qualitäten so sicher, dass wir ihnen blind vertrauen können. Das Vertrauen ist gerechtfertigt, denn wir haben diese Verbindung hergestellt.

Die Gedanken sprechen die Sprechlaute lautlos nach. Eigenartig, dass das Stimmliche in unserem Denken regiert, dass wir einen, in der Welt stattfindenden Vorgang simulieren, dass es sich aber nicht um eine Visualisierung handelt. Sonst ist unser Sehsinn der wichtigste. Das Auge ist der Haupteingang. Die Ohren scheinen eher Begleiter auf dem Weg. Sie sind nur im Dunklen wichtiger. Erst wenn der Anführer blind ist, übernimmt der Helfer die Führung.

Wahrnehmung ist ein Herausklauben aus der Fülle, ein Formen der Fülle, ein Erschaffen eigener Fülle. Es geht um Konzentration auf das Wesentliche. Das Wesentliche sind nur wenige Gegenstände. Das Wesentliche ist sogar noch weniger. Das Wesentliche braucht keine Farben, keine Form, keine Tiefe des Raumes. Es reichen die stummen aber stimmlichen Stellvertreter für das Denken, die Repräsentanten einer Vielheit. Wenn auch keine Regierungschefs, so sind sie doch die

Abgesandten eines Volkes. Die lautlose Stimme des gedachten Wortes gibt den Ton an.

Die natürliche Welt kommt vor allem über die Augen zu uns, die Mitmenschen aber, die Sozialität, nimmt den Weg des Schalls. Sprechen und Hören verbinden uns untereinander. Sehen und Gesehenwerden verbinden uns vor allem mit der Welt. Sprache ist ein Gemeinschaftsprojekt. Sie wird vom Schwarm produziert und genutzt, ist Verbindung zum Überbewusstsein des Schwarms, zum Schwarmbewusstsein. Vielleicht sogar, stellt sie den Schwarm erst her. Sie ist nicht nur Transportweg oder virtueller Behälter für Inhalte, die hin- und hergeschoben werden. Sie ist das Wir. Sie ist das Netz. Im Sinne Serres sitzt der Sprecher, das Ich, nur der Sprache auf und zweigt etwas ab. Die Sprache bestimmt und an den mehr oder weniger zufälligen Standpunkten wird gesprochen.

Auch wenn sich die Sprecher teilweise widersprechen, spricht dennoch dieselbe Sprache. Es geht um einen Gesamt-zusammenhang, an dem alle partizipieren. Damit ist nicht nur gemeint, dass derselbe Wortschatz und dieselbe Grammatik für alle Mitglieder einer Sprechergemeinschaft gelten, auch die Inhalte, das in der Sprache enthaltene Denken, ist ein gemeinsames Denken, an dem jeder nur teilweise, das heißt perspektivisch von seiner Position aus partizipiert. „Nicht der Mensch kommuniziert, die Kommunikation kommuniziert", hat das Luhmann auf seine Weise genannt. Die Sprache und das darin Gesprochene spinnen sich selber fort.

Kaum jemand beginnt aus der Leere heraus. Das ist ein seltener, ja seltenster Vorgang. Pure Kreativität ohne vorgegebene Ansätze ist menschenunmöglich. Ansätze sind immer da. Die Kreativität, die Spontaneität liegt in der Auswahl. Die Sprache ist das Reservoir der Ansätze. Sie enthält die Mythen und Analogien, die Beispiele, die Veranschaulichungen, die Missverständnisse und das Verständnis. Sie ist die Regel, innerhalb derer der Ball hin- und herfliegt. Sie ist aber auch der Platz, auf dem das Spiel stattfindet. Die Bälle selbst bestehen aus Sprache und Sprechen.

Über Sprache wird wahrgenommen. Sie leitet Wahrnehmung. Sie strukturiert. Sie stellt Welt her. Nicht alles ist sprachlich verfasst, das ginge zu weit. Wir haben nicht nur Ohren, wir haben auch

Augen. Wir riechen und schmecken. Da ist auch noch das, was vor der sprachlichen Strukturierung liegt. Es gibt ein reichhaltiges Angebot vor der Sprache. Die Sprache ordnet es auf dem Sonntagsmarkt. Sie sortiert manches aus, was sich nicht verkaufen lässt. Aber es ist nicht so, dass wir das Aussortierte nicht gesehen hätten. Die Sprache kann die Welt ein großes Stück weit erschaffen, sie kann aber auch von der Welt gestört werden, sich als unzulänglich erweisen. Sie ist dann gezwungen, sich zu wandeln. Sie ist der Herr, aber nicht bis ins Letzte. Ihr Reich ist nicht von dieser Welt. Es bezieht sich aber auf die Welt. Brechen die Bezüge, bricht ihr Reich ein, wird nutzloses Geplänkel, ihr Gold zu Asche.

Es gibt ständig Ansätze der Revolution. Es gelingt ihr jedoch immer, die Revoltierenden einzubinden. Auch hier haben wir eine Drift. Auch hier hat der Teufel seine Finger im Spiel. Die Sprache, die Ordnung, kompensiert, sie stellt sich auf die neue Situation ein. Sie integriert Unordnung in ihre Ordnung und vernichtet sie dadurch, wird selbst aber eine neue Ordnung.

Die Sprache baut sich um. Sie reibt sich innerlich. Es gibt einen Wellenschlag in ihr. Sie wird von Strömungen und Wirbeln durchzogen. Einiges wird nach oben gespült, einiges verschwindet in ihren Tiefen. Sie verdaut und kaut wieder. Es gibt Themen der Zeit. Der Zeitgeist artikuliert sich. Die Viren, die neuen Gedankenimpulse und -ströme, sind sprachliche Viren. Wir sind offen für diese Viren. Wir können uns nicht vor ihnen schützen, denn wir sind an das Schwarmbewusstsein gekoppelt. Auch jemand, der die Nabelschnur durchtrennt, die ihn mit dem Sozialen verbindet, ist nie wirklich allein. Jeder private Gedanke nutzt das soziale Gut, das die Sprache darstellt. Jedes Wort ist ein allgemeines Wort. Vielleicht wohnt er in einer Höhle, meditiert mit leerem, stummem Bewusstsein in den Bergen. Schon morgen kommen die Touristen, um ihn anzusehen. Schon morgen bauen Mönche ein Kloster um ihn herum und die Pilger ziehen in Scharen heran. Man kann nicht weglaufen. Die anderen drücken einen immer wieder ins Netz zurück. Und seien wir ehrlich, kaum einer will aus dem Netz ins Bodenlose fallen.

Auch viele nichtmenschliche Lebewesen haben Sprache, auch hier gibt es Kommunikation. Spätestens zur Fortpflanzung muss eine Verständigung eintreten. Es werden Zeichen getauscht. Aber was hier Sprache genannt wird, ist noch stark in das Weltliche eingebunden. An dieser Sprache klebt noch viel Schlamm und Erde. Der Grad der Abstraktion, die Flexibilität der Verbindung und deren Stringenz, hängen von der Loslösung von der Welt ab. Die bunten Bilder müssen zurückgedrängt werden. Eine neue, in sich geschlossene Ordnung, die dennoch weltoffen ist, muss hergestellt werden. Der Geist schwebte über den Wassern. Die Geschichte der Sprache ist eine Geschichte der Emanzipation der Psyche. Sie ist eine Geschichte der Menschwerdung.

Natürlich ist die Welt der Tiere voller Spuren. Die Welt ist bedeutungsgeladen. Sie besteht aus Gefahr und Geborgenheit, Freund und Feind, Geschlechtspartner und Beute und tausenderlei mehr. Auch für die Tiere ist alles mehr als es ist, mehr als die bloßen Eindrücke, die durch die Sinne zu ihnen kommen. Die Bedeutungsladung der Dinge bildet aber noch keine Sprache. Spuren sind nicht genug, Zeichen sind nötig.

Würden die Spuren reichen, dann spräche die Welt zu uns. Ein schönes Bild für die Dichter. Wir könnten Kaffee trinken und uns mit der Welt unterhalten. Doch es wäre ein einsames Zwiegespräch. Denn der Spurenmacher lässt die Spuren entstehen. Es ist so, dass wenn wir Spuren lesen, wir die Welt zu uns sprechen machen. Wir stecken unsere Hand in sie hinein wie in eine Handpuppe. Wir bewegen den Mund dieser Puppe und legen unsere Worte in diesen Mund. Die Bedeutungsladung, die Spur, ergibt noch keine Sprache, sie ist aber ein Ausgangspunkt für Sprache.

Erst wenn Zeichen untereinander getauscht werden, erst wenn einem Empfänger auch ein Sender gegenübersteht, dann wird gesprochen. Die Spur muss von Absicht begleitet sein. Markierungen kommunizieren den Artgenossen das eigene Revier. Das gemeinschaftliche Heulen der Wölfe kommuniziert Gemeinschaft und zeigt anderen Rudeln einen Anspruch. Nasenstupsen, Lausen, Zähne fletschen, Knurren, Schwänzeltanz, Warnfarben, Sexuallockstoffe – all das ist Kommunikation, stark biologisch gefärbte Kommunikation, aber dennoch Kommunikation. Diese Sprachen sind vor allem instinktgeladen. Sie sind körperlicher als die menschliche Sprache, das heißt starrer und stärker an die Körper gebunden. Ihr psychischer Grad ist noch niedrig. Die Menschwerdung steckt noch in den Kinderschuhen.

Die Sprache löst sich vom Bild und ist doch bildreich. Sie greift auf die Bilder zu, aber auf andere Weise, als in der direkten Wahrnehmung. Sie ist symbolisch. Sie nimmt ein sprachliches Zeichen als Vehikel für eine Bedeutung. Die Verbindung von sprachlichem Zeichen und Bedeutung kann wechseln und dieser Wechsel ist verräterisch. Auch die Häufigkeit der Verbindung zwischen sprachlichen Zeichen sowie der Kontext, in dem sie erscheinen, kann sich verändern. So werden Spuren in der Zeichenverwendung sichtbar. Wenn man diesen Spuren folgt, dann sieht man darin die Wandlungen des Verhältnisses des Menschen zu sich selbst, zur Natur und zur Welt.

Roderich von Detten zum Beispiel zeigt, wie sich die Bedeutung des Waldes in der Sprache verändert. Den vielen Wortverbindungen im Mittelalter, die Wald beinhalten, stehen heute weitaus weniger und andere gegenüber. Wald kann als Symbol verschieden verwendet werden und Unterschiedliches bedeuten und das nicht nur im geschichtlichen Nacheinander sondern zur gleichen Zeit. Er kann als dunkler Wald für Chaos und Gefahr stehen, oder aber Geborgenheit und Zuflucht bedeuten. Beides wird von Menschen der Gegenwart verstanden.

Die Sprache verleiht der Natur Bedeutung. Sie vermittelt das Assoziationsfeld. So zeigt sie auch, was im Umgang mit Natur naheliegt und was nicht. Die Ausdrücke „Waldhygiene" oder „saubere Forstwirtschaft" sind forstliche Fachbegriffe, die immer weniger gebraucht werden. Die Ausdrücke bezeichnen, dass kranke Bäume sofort zu entfernen und totes Holz aus dem Wald zu schaffen sind. Damit soll der Wald vor Schäden bewahrt werden. Der Wald soll sauber sein, so wie es auch idealerweise die gute Stube zu Hause ist. Nur ein hygienischer Wald ist ein gesunder Wald, also wird der Wald aufgeräumt.

Die Entdeckung des abgestorbenen Holzes als wichtigen Lebensraum für Pilze und Insekten und das Ideal ökologischer Vollständigkeit bringen andere Wortkombinationen nach vorne. Der Slogan „Totes Holz lebt!" war einmal fast revolutionär, ist es aber schon seit einiger Zeit nicht mehr. Totholz gehört nun nicht mehr in den Kontext von Tod, sondern zum Leben. Ein guter

Wald, im Sinne eines gesunden Ökosystems, ist ein Wald mit abgestorbenem Holz, also wird der Wald weniger aufgeräumt.

Akkumulation und Bewegung

Lebensberg

Schon Aristoteles hat es gesehen und in seinen Seelenschichtungen dargestellt. Es gibt eine Linie des Seienden, eine Art Anstieg, auf dem sich das Seiende hinaufbewegt. Es handelt sich um eine qualitative Wachstumskurve. Was bisher erworben wurde, bleibt erhalten, hinzu kommt etwas Neues, das darauf aufbauen darf. Die Seele ist das Prinzip des Lebens. Was lebt, ist beseelt, was beseelt ist, lebt. Seele ist nichts anderes als das Prinzip der Eigenbewegung. Mit Eigenbewegung ist nicht nur selbst verursachte Fortbewegung, also Ortsänderung aus eigener Kraft gemeint, sondern sie steht auch für Veränderung aus sich selbst heraus.

Aristoteles rollt wie Sisyphos einen großen Stein den Berg hinauf. Er rollt mit seiner Erkenntnis über das Leben hinweg. Am Fuß des Lebensbergs stehen die Pflanzen. Ihre vegetative Seele lässt sie wachsen. Weiter oben laufen die Tiere. Ihre animale Seele lässt sie empfinden, außerdem sind sie, das ist für mich wichtig, aus sich heraus beweglich. Neben der animalen ist aber auch noch die vegetative Seele in den Tieren enthalten, denn auch sie wachsen vor sich hin. Schließlich kommt auf dem Gipfel, wie sollte es anders sein, der Mensch. Der Gipfel ist für die Griechen aber noch nicht ganz oben. Darüber kommen noch der Himmel und die Wolken. Über dem Olymp wohnen die Götter, die von oben herablachen und Aristoteles beim Steinerollen amüsiert zusehen.

Der Mensch besitzt eine vernünftige Seele, die zu seiner animalen und vegetativen hinzukommt. Er ist wie eine Zwiebel. Unter der äußeren Vernunftschale, liegen noch die Tier- und die Pflanzenschale. Eine Art eingefrorene Phylogenese in der Ontogenese. Verschiedene erreichte Stadien der Stammesgeschichte bleiben im Endstadium präsent. Die Zwischenergebnisse bleiben in der Gesamtrechnung erhalten. Die komplexeste Rechnung ist der Mensch.

Aristoteles ist kein wirklicher Sisyphos. Er rollt mit seinem Stein bis ganz hinauf, ohne dass er ihm aus den Händen gleitet und ungewollt wieder hinunterkullert. Der Aufstieg ist ganz geradlinig. Der Berg ist ein Berg aus einem Guss. Alles passt zusammen. Heute wäre es schwieriger. Nicht, weil der Übergang zwischen unbelebter und belebter Natur oder der Übergang zwischen Pflanze und Tier sowie auch der (oh Schreck!) zwischen Tier und Mensch so fließend wäre, dass Trennlinien willkürlich ausfallen müssen. Nein, besonders das letzte Stück macht am meisten Schwierigkeiten. Über den Menschen kommt der Mensch nicht so leicht hinweg. Durch die Gipfelregion geht ein Riss. Mitten durch den Menschen geht ein Riss, der ihn in zwei Hälften spaltet. Wie nennen wir die so entstandenen Hemisphären? Benennen wir sie Natur und Kultur, Vernunft und Trieb, Es und Ich? Oder vielleicht sogar Natur und Mensch? Wie soll das funktionieren? Der Mensch besteht aus Natur und Mensch? Er enthält sich selbst und dann auch noch Natur? Diese Abstrusität ist die Offenbarung unserer Zeit. Sie bezeichnet die Ambivalenz der inneren Spaltung. Die Spaltung ist und ist auch nicht. Der Mensch schlägt sich auf eine nicht genau abgegrenzte Seite, der er seinen Namen gibt. Etwas bleibt außen vor, dass trotzdem, soviel ahnt er zumindest, auch zu ihm gehört. Die Abspaltung ist misslungen. Sie ist geglückt. Es ist eine unglückliche Abspaltung.

Etwas im Menschen ist Teil der Vereinigungsmenge der Lebewesen. Etwas ist es, laut ihm, nicht. Vielleicht ist es aber auch umgekehrt. Die Vereinigungsmenge hat etwas ausgegliedert. Die Natur hat etwas abgespalten. Sie hat etwas geboren, was ihr nicht gleicht. Der Mensch ging aus der Natur hervor und ist doch nicht ihr Kind. Er hat ein anderes Erbgut. Er ist nicht das Ergebnis einer Neukombination des Natürlichen. Er ist eine Mutation. Er ist der Held, der ins Niemandsland wandert, um sein Glück zu suchen. Er ist der arme Teufel, der in den Brunnen fällt, aus dem er niemals mehr herausklettern kann.

Der Blick des Menschen auf die Natur ist ein menschlicher Blick. Er sieht alles mit menschlichen Augen und daher menschenhaft. Wir werfen die Netze aus und fangen nur uns selbst und die in uns hinterlassenen Spuren. Die Philosophie hat ihre menschengemachten Netze meist nur nach dem Menschen ausgeworfen und daher nur dessen Spuren, das heißt die eigenen, eingefangen. Oder sie hat diese Netze nach dem ganzen Universum ausgeworfen und damit nur die Spur der Leere zwischen den Sternen gefangen. Lasst uns stattdessen im Trüben der Vereinigungsmenge der Lebewesen fischen sowie in der Natur des Menschen, die die Brücke bildet und in der misslungenen Natur des Menschen, die der Mensch „Mensch" nennt.

Babylon

Beginnen wir am Fuß des Lebensberges. Beginnen wir mit dem Anfang. Beginnen wir mit den Pflanzen, mit dem Wachstum. Wir wollen uns vorerst nicht mit den kleinen Pflänzchen abgeben, denn wir haben Großes vor. Der Mensch hält sich für übermächtig, daher brauchen wir etwas, das mit seinem Gewicht dagegenhalten kann. Nehmen wir den Baum, nehmen wir den Wald. Im Wald, da sind die Räuber. Sie horten einen Schatz, das Resultat all ihrer Diebeszüge. Der Wald, das ist das Spinnennetz der Räuber, in dem sie ihre Beute fangen und die Räuber selbst sind die Spinnen. Die Bäume sind die Räuber. Sie rauben und akkumulieren. Sie fügen an, sie fügen ein. Sie klauben, was sie brauchen aus der Luft, aus dem Licht, aus dem Boden. Alles dient dieser Absorption. Die innere Ordnung ist eine Ordnung im Dienste des Wachstums. Wurzeln, Stamm und Blätter bilden eine Wuchsmaschine, die sich ständig erweitert und an sich weiterbaut. Der Baum ist eine geschwürartige Baustelle, die sich ausbreitet und in alle Richtungen hinausgreift und die Umgebung einsaugt. Bäume sind Konzentrationspunkte, die ein osmotisches Konzentrationsgefälle aufbauen, das sich verstärkt, je größer der Baum, je größer der bereits aufgehäufte Schatz wird.

Lasst uns einen Turm bauen, so groß wie es noch keinen gegeben hat! Der Baum ist ein tausendjähriger Riese, der Baum ist ein Turm in der Welt. Der Turm von Babylon ist das Sinnbild des Baumes. Babylon ist das Prinzip der Pflanzen. Babylon ist ein Imperium und der Stolz dieses Imperiums ist sein Turm, sind seine vielen Türme, die überall in den Himmel ragen und an denen ständig weitergebaut wird. Hier geht es um Welteroberung, um Unterjochung der unbelebten Welt. Hier kommt ein Sinn in die Welt, eine Unterscheidung: brauchbar für den Bau oder nutzlos. Der Schöpfungsakt wird erkennbar. Aus dem Chaos entsteht Ordnung, eine imperiale Ordnung. Die Peripherie dient dem Zentrum, das Reich der Stadt des Imperators. Die Ordnung wächst weiter. Das Reich dehnt sich aus, bis es an ein anderes Reich stößt. Die Bäume stehen nebeneinander im Wald. Ordnung grenzt an Ordnung. Die Ordnungen haben die ganze Welt besetzt. Zwischen den Ordnungen, zwischen den Bäumen gibt es nichts mehr, nur noch leeren Zwischenraum. An der Grenze, in der Mitte zwischen zwei gleich großen Bäumen entsteht im Sog von beiden Seiten ein Punkt eigenartiger Stille: Das Auge des Hurrikans fast ohne Ausdehnung. Die Grenze trennt. Sie verbindet aber auch. Sie kittet die Ordnungen aneinander, genauso wie sie sie voneinander trennt. So entsteht der Wald. So entsteht eine Ordnungsstruktur, die alles überzieht. Babylon hat die Welt erobert. Die göttliche Ordnung herrscht überall.

Rom

Plötzlich hört man es Knacken. Etwas huscht durch den Wald. Das Gewusel beginnt. Was ist passiert? Babylon ist voller Zwischenräume, voller Lücken. In diesen Lücken wächst ein zweites Imperium heran. Dieses Imperium kennt auch Zentren, aber es sind leichte, bewegliche Zentren. Und um in Bewegung bleiben zu können, wird die Akkumulation in den Zentren beschränkt. Wachstum ist nicht mehr das vordringliche Prinzip. Es untersteht einem anderen, neuen Prinzip, das die Zwischenräume nutzbar macht. Der leere Raum lässt hindurch. Es geht um Wege und Verbindungen. Es geht um Transport auf diesen Wegen und Verbindungen. Die Ortsveränderung durch Eigenbewegung läuft der Selbstveränderung durch Wachstum den Rang ab. Der Name des neuen Imperiums ist Rom und seine Bürger sind die Tiere.

Die Römer waren fleißige Straßenbauer. Die Straßen ermöglichten schnellere Transporte und Truppenbewegungen. Sie ermöglichten, virtuell präsent zu sein, obwohl man doch weit entfernt war. Schnell wäre man wieder vor Ort, das sagt die Straße und die in sie eingeschlossene Beschleunigung. Babylon ist Rom unterlegen. Rom nährt sich von Babylon. Rom durchzieht Babylon. Seine Ordnung strömt durch die Lücken Babylons und graviert seine Struktur in die Struktur Babylons hinein. Babylon hat Rom nichts entgegenzusetzen. Es kann nicht fliehen, es kann sich nicht verstecken.

Rom ist das Prinzip der Transformation, des Umbaus. Es zerstört fremde Bauten, um die eigenen zu erschaffen. Während Babylon seine Ordnung aus dem Nicht-Lebenden, aus dem Chaos oder der Drift ins Chaos schöpft, braucht Rom Verwandeltes, um es weiterzuverwandeln. Rom steht für Handel, den Transport bereits verfeinerter Güter. Babylon ist ein Bauernimperium. Es produziert Rohstoffe. Es filtriert das für das Leben Brauchbare aus dem Unlebendigen heraus. Rom greift auf Babylon zu, wie die Industriestaaten auf die Dritte Welt. In der Dritten Welt wird Erz zu Metall. In den Industriestaaten werden aus Metall Autos. Rom gewinnt.

Babylon erobert Stellen und weil es alles in Stellen und Lücken gliedert, ergießt es sich über den Raum. Rom aber hat den Raum intensiver entdeckt und ganz neu strukturiert. Erst die Beweglichkeit füllt den Raum mit Qualitäten, schafft unterschiedliche Räume im Raum. Bergende Höhlen, windige Gipfel, gefährliche Abgründe, einladende Lichtungen, all das drückt Sinnqualitäten aus, die nun in den Raum hineingewoben sind. Es gibt anziehende und abstoßende Räume. Orientierung ist eine ständige Aufgabe und dafür sind Empfindungen nötig. Die Empfindung ist Ausdruck einer Ortsqualität. Die Beweglichkeit hat Empfindungen notwendig gemacht. Erst kam die Bewegung, dann der Raum, dann die Empfindung.

Leben

Wer das Lebendige sucht, muss in den Wald gehen. Dort herrscht es über alle Maßen, tritt uns in Masse und Zahl als überwältigende Übermacht gegenüber. Im Maßstab, im Verhältnis, sind wir klein gegenüber den Säulen, den Edifikatoren dieses Tempels des Lebendigen. Der Tempel selbst ist die performative Bestätigung der Gottheit selbst. Der Tempel ist selbst göttlich, aus Göttern erbaut: die Stämme, die Säulen, diese lebendigen Organismen, Akkumulatoren, Edifikatoren, Wachstum, das über Gewachsenen wächst, Mantel um Mantel, Ring um Ring, Zelle an Zelle, Molekül an Molekül. Das Unwahrscheinliche hat eine Heimstatt gefunden, es konzentriert sich und erhöht so seine Wahrscheinlichkeit. Leben gesellt sich zu Leben. Fasst nur irgendwo ein Lebewesen Fuß, erobert das Leben auch nur den kleinsten bisher unerschlossenen Bereich, Neuland, das sich bisher unwirtlich dem Bios versagte, schon hängen sich andere Lebewesen daran. Sie reihen sich auf, formen eine Kette. Der eine Organismus nährt sich am anderen. Die Kette verschlingt sich in sich selbst, spätere Glieder übergreifen und fassen vorgängige Glieder, die Kette verzweigt sich, läuft auseinander, macht Schleifen, Feedbacks, Rückkopplungen, führt zu sich zurück, wird ein zweidimensionales Netz und dann ein dreidimensionales und dann noch ein vierdimensionales, wenn die Zeit mit eingeschlossen wird. Kettenglieder überdauern, um später zu keimen, zu fruchten, um später gefressen zu werden. Die schnelllebigen, schnell sterbenden, schnell sich reproduzierenden Organismen schwirren zwischen den behäbigen, meist riesenhaften Körpern umher, kaum

wahrnehmbar unter deren schwerfälligen Wahrnehmungs-
organen, die einem langsam sickernden Zeitverlauf folgen, fast
schon ohne jeglichen Takt.

Wer in den Wald geht, betritt das Leben. Selbst in den Kadavern
wuselt es. Jeder Tod ist nur Gelegenheit für eine tausendfache
Auferstehung, für die tausend Kinder, die sich durch die Brüste
ihre Mütter fressen, die Rippen abnagen und den Staub der
Eltern ihrer eigenen vitalen Materialität integrieren - kein
Stillstand, niemals. Stillstand wäre Tod. Allerorten nur
Fließgleichgewicht. Wehe, der Fluss würde versiegen! Das Prinzip
ist das des Sisyphos. Immer wieder hinaufrollen, sich immer
gegen die Schwerkraft bewegen und so ein Niveau halten, das
sich ein Stück weit über dem entropischen Einheitsbrei befindet.
Dem Zeitpfeil sich entgegenstemmen, ihm die nackte Brust
darbieten, bis sie unter dem Druck blutet und er sie letztlich
dennoch durchbohrt, woraufhin, hinter dem Kadaver neue
Körper sich erheben, diesen aussaugen, in sich aufnehmen, eine
neue Brust bilden, die fast völlig der vorherigen gleicht, in die
nun wieder der Zeitpfeil eindringt... wieder Sisyphos, wieder neu
das Alte bilden. Hartnäckig, niemals aufgebend, stemmt sich der
Bios gegen die tote Physik, widersetzt sich jeglicher Reduktion.

Sprich von den Atomen, der toten Materie, und du sprichst über
meinen Kot, nein, nicht einmal über den Kot, denn der ist voller
Leben. Du sprichst über den Kot des Kotes des Kotes. Du
sprichst von dem, was vor der Geschichte war, vor der
Bewegung, vor der Aufschreibung, vor dem Gedächtnis. Du
sprichst über nichts Nennenswertes, denn die Nennung wird erst
möglich durch den Bios. Du selbst bist Bios, bist Leben, also
sprich mir nicht vom Tod und wenn doch, dann nur als von einer
Gelegenheit zu neuem Leben.

Schlag mit der Atombombe drein, vergifte die Flüsse, die Böden.
Ich, Bios, werde an den heißen Quellen überleben, in den tiefsten
Tiefen der See werde ich meine Bakterien sammeln und neu diese
Welt erobern, immer wieder. Mein Code wird nicht verlöschen.
Er wird sich wandeln, wird sich anpassen, einfinden in jegliche
Situation. Meine Mikroben bevölkern die Satelliten im Weltraum,
erobern den Mars, die Monde des Saturn und Jupiter. Die kleinste
Gelegenheit reicht mir, die winzigsten Flecken sind mir genug.
Die Information, die sich selbst hervorbringt, wird immer wieder

die Seiten des Buches beschreiben, ganz egal, wie oft du sie ausradierst.

Der Wald duftet, verbreitet sein Parfüm, das aus all seinen Poren steigt. Seine Moleküle sind temporär eingefügt in die Holzkörper, fließen im Xylem und Phloem, fliegen, schweben, schwirren im Gasraum, der Atmosphäre zwischen und über den Bäumen. Der Wald fluktuiert zwischen allen physikalischen Zuständen, ist fest, flüssig, gasförmig und darüber hinaus, neben allen Transformationen und Mischungen, ist er auch noch der Mischer selbst. Im Labor der Wissenschaft schütten die „weißen Kittel" Flüssigkeiten in Reagenzgläser und beobachten mit toten Augen die Reaktionen, das Geschehen, und atmen dabei nicht, weil sie sich für tot halten. Nur die Reaktion geschieht, sonst bleibt alles genau gleich, ohne Veränderung oder Wandel, ceteris paribus. Gesteuert, gewollt, herbeigeführt, ereignet sich eine Situation, wird zusammengeschüttet.

Wer meint, der Wald wäre nur das, was im Reagenzglas sich vollzieht, der hat nicht begriffen, dass diese tausend und abertausend Organismen sich alle in weiße Kittel gekleidet haben, Reagenzgläser halten und zusammenschütten, was ihnen beliebt. Sie halten die Reagenzgläser, die aussehen wie Wurzeln und Blätter, Tast- und Fressorgane, Mägen und Därme, wie Zellen eines Körpers und schütten zusammen, was nach ihrem Gutdünken, ihren in DNS codierten Handbüchern, zusammengehört. Geh nur in den Wald, glaube aber nicht, dass du nur ein verlassenes Labor betrittst. Sieh sie dir an, diese hektische Betriebsamkeit, dieses Gewusel, diesen Marktplatz voll Laboranten, die die Reagenzgläschen gegen die Sonne halten, einander die Phiolen aus den Händen reißen, in die Kitteltaschen fassen, um die Stoffe in die Finger zu kriegen, die sie für ihre chemischen Vorhaben brauchen. Sei kein Narr! Wenn du allein sein willst, ist der Wald der falsche Ort.

Die, die von der belebten Natur als Mitwelt sprechen, sollten durchdenken, was sie sagen. Sie werden niemals mehr allein sein. Überall verfangen sie sich im engmaschigen Netz der Sozialität. Bruder Bär, Bruder Hase, Bruder Baum, Schwester Bakterie, Bruder Virus. Kämen noch Schwester Sonne und Bruder Mond hinzu, wäre auch noch die tote Materie Teil der Familie. Haben sie nie versucht, der Verwandtschaft zu entkommen? Hatten sie

89

nie Sehnsucht nach Einsamkeit? Wollten sie nie das Rollenspiel ruhen lassen, die Fürsorge, den Hass, die Liebe, die Furcht? Stell dir vor, du müsstest immer den fremden Ansprüchen begegnen, könntest nie in der dunklen Ecke deine Grimassen schneiden. Niemals unbeobachtet, immer in der Verantwortung, alles in Betracht ziehen müssen, nichts ausschließen dürfen aus dem Universum der Gefühle. Alles soll berücksichtigenswert sein? Gib allem einen Eigenwert, dann bleibt dir nur noch Hand an dich zu legen. Integriere alles in dein moralisches Universum, dann wirst du ersticken in dieser Fülle. Wie in einer überfüllten U-Bahn, in die immer noch mehr Passagiere gedrückt werden, wirst du dich fühlen, an jeder Stelle deiner Haut wirst du einen Nachbarn spüren und gemeinsam werdet ihr in einen höllischen Tunnel einfahren. Ist jeder Teil der Familie, ist die Familie nichts. Das Universum wird so wertvoll, dass überall Diamanten glitzern. Doch wenn überall die Diamanten ihr kaltes Licht verbreiten, dann werden diese Kristalle Opfer einer allumfassenden Inflation, einer Entwertung, die alles entwertet, selbst einen selbst. Nein, nicht alle können Teil der Familie werden, zumindest nicht im selben Ausmaß. Aber die Verwandtschaft bildet ja Rangreihen, innere und äußere Zirkel, Verwandtschaftsgrade.

In der Wüste der toten Physik finden wir uns wieder, Brüder und Schwestern, Nichten, Neffen, Onkel, Cousins ersten, zweiten, dritten bis transfiniten Grades. Da stehen, sitzen, schwimmen, fliegen, dümpeln, treiben, schweben wir nun in unseren Medien. Halten uns aneinander und blicken ungläubig und ein wenig ängstlich in den Sternenhimmel. Fast nirgends sieht man so tief in den kalten Kosmos wie in einer klirrend-kalten Wüstennacht. Wir tun gut daran, uns aneinanderzuhalten, wir können auch nicht anders. Wir fassen einander in die Kitteltaschen, entreißen einander die Reagenzien, fressen einander mit Haut und Haaren, paaren uns, reproduzieren uns, ziehen Kinder groß oder lassen sie von selbst wachsen. Wir haben Halt aneinander, Liebe und Hass, Gleichgültigkeit, Sympathie, erkennen einander in der gemeinsamen Tragödie oder Komödie, je nachdem.

Wer lebt, ist gezwungen zu spielen, mitzuspielen. Keiner kann allein spielen. Wer die Welt betritt, steigt in eine Spielhölle oder in einen Spielplatz, hinab oder hinauf. Alle sind beschäftigt und in ihr Spiel versunken. Alle nehmen das Spiel tödlich ernst und sie tun gut daran, denn dem ist auch so. Jeder bezahlt am Schluss den höchsten Preis, davor aber verschenkt das Glück oder Unglück seine Karten und jeder Spieler nimmt all seine Intelligenz oder Disposition oder Instinkt oder Mechanismus, Verschaltung, feste Verdrahtung zusammen, um alles zu geben. Alles was man hat, ist das was man gibt. Wer zurückbehält, der hat auch weniger auf der Hand. Nur der kann alles erreichen, der bereit ist, alles zu opfern.

Im Wald stehen die unzähligen Organismen beieinander. Halten einander, fressen einander, lieben und hassen einander... Der Wald liegt nachts unter dem sternenklaren Himmel. Das Spiel geht weiter. Mancher ruht im Versteck und hofft in unruhigen Träumen, dass er nicht gefunden wird, doch die Jäger sind auch in dieser Zeit am Werk. Das Labor ist auch in der Nachtschicht fleißig. Die Reganzgläser und Phiolen klingen. Man hört das Rufen der Käuzchen, das Fiepen der Mäuse, das Knarren der Äste im Wind. Die Gesellschaft, das Leben in der Stadt, ist ein müder Abklatsch dagegen. Zwischen den Steinen, den Wänden der Häuser, ist bei weitem nicht so viel Leben. Der Einsatz, so scheint es zumindest, ist bei weitem nicht so hoch. Wir singen einander in den Schlaf. Verbunden über Drähte und Funkwellen halten wir uns auf Abstand. In der Stadt, diesem ausgedünnten Marktplatz der Organismen, sprechen wir manchmal miteinander, meist gehen wir aneinander vorbei.

Nicht das Sehen ist die Kunst, sondern das Wegsehen. Wenn das Lebendige eine Überfülle erlangt wie im Wald oder ein geringeres, aber dennoch beträchtliches Ausmaß wie in der Stadt, ist die vordringliche Aufgabe, die Ströme aneinander vorbeizuleiten. Das Ausweichen ist wichtiger als das Zuführen. Wir erkennen, dass das Leben ein Maximum erreicht hat, wenn wir vor ihm fliehen müssen.

Lebenszusammenhang

Wir können uns auf das Lebendige mehr verlassen, als auf alle anderen Dinge da draußen. Die Komplexität des Universums berührt uns nur gefiltert. Wir sind eingehüllt in Schichten von Lebewesen, die so eingerichtet sind, dass sie in diesem Chaos wenigstens eine Zeit lang überdauern. Sie halten das Chaos vor den Toren. Sie stecken voller geregelter Abläufe. Auf sie ist Verlass. Mögen unsere Sinne und unsere begrenzte cerebrale Verarbeitungskapazität uns auch täuschen. Die Tiere und Pflanzen sind so real für uns wie nur irgend möglich, denn wir essen sie. Wir verleiben sie uns ein. Unsere Lebensgrundlage ist eine millionenfache Nischenkönigin. Als wären sie unsere Tentakel, unsere Wurzeln, unsere Saugnäpfe, greifen die Lebewesen um uns herum ins Chaos und führen uns mundgerechte Stücke zu.

Hüllen vor Hüllen, Hüllen um Hüllen, Schutz, ineinandergreifendes Gewebe. Die anderen Organismen schützen uns. Wir schützen aber auch die anderen Organismen. Wir sind das Futter für die Maden, der Lebensraum für Bakterien, Vermehrungsort für Viren. Das Miteinander ist kein Ideal von blauäugigen Idealisten, sondern bittere und süße Realität. Ein Sein, aus dem kein Sollen abgeleitet werden soll. Es gibt sowieso kein Entrinnen. Es handelt sich sowieso um eine nicht negierbare Realität. Isst und trinkst du nicht? Guten Appetit, aber verschone mich mit deinem Gerede von Autonomie und Beherrschung der Natur. Niemand, der Nahrung braucht, ist unabhängig. Niemand, dessen Existenz von seinem Diener abhängt, ist wirklich dessen

Herr. Und niemand, der eines Tages verdaut wird, sei es von Haien, Löwen, Ratten, meist aber von Maden, steht wirklich am Ende der Nahrungskette.

Mag sein, dass wir die Organismen sind, die sich selbst verstehen können und für die das Sich-selbst-Verstehen zum Problem wurde. Ein Problem, das sich löst, wenn wir die Selbstfixierung aufgeben, wenn wir den Blick vom Problem abwenden und uns mit anderen beschäftigen. Das Verstehen unserer selbst nimmt den Weg über die anderen und damit sind nicht nur die anderen Menschen gemeint.

Wir sind allesamt Vermittler. Wir stehen zwischeneinander, sind gewollt oder ungewollt füreinander da. Wir tragen einander zu. Wir haben outgesourced. Bestimmte lebenswichtige Aufgaben übernehmen andere für uns. Nur so kann das funktionieren. Unsere geringe innere Komplexität, unser Rätselraten, was die Welt betrifft, die Unüberwindbarkeit unserer Perspektive, macht es notwendig, von günstigen Umständen auszugehen. Abgeschlossen in unseren Seifenblasen können wir uns nicht um alles kümmern. Zum Glück hält sich das Leben auch ohne unser Zutun in der Welt, das Leben, das wiederum uns in seinen Händen hält. Wir haben wohl Recht zur Annahme, dass wir nicht wirklich das Paradies verlassen mussten. Möglicherweise wurden wir in einen Randbezirk abgedrängt, von der Wüste, die vor den Toren lauert, blieben wir aber bisher verschont.

Mensch und Natur

Wölfe und Hunde

Babylon besteht aus vielen Türmen, die sich gegenseitig Grenzen setzen, die, weil sie Umwelt gestalten, füreinander auch besondere Nischen schaffen können oder weil ihre Ansprüche ähnlich sind, ähnliche Umwelten bevorzugen. Bestimmte Arten wachsen häufiger beieinander als andere und aufgrund dessen sprechen Fachleute von Pflanzengesellschaften. Um eine Gesellschaft im Sinne von Sozialität handelt es sich dennoch nicht, denn bei alledem entsteht kein Miteinander, sondern nur ein Gegeneinander. Erst die Nähe, die gehalten wird, obwohl die Beweglichkeit Ferne ermöglicht, bildet die Grundlage der Sozialität. Erst Rom entdeckt die Gesellschaft.

Beginnt nun schon die Geschichte der Menschen? Erst einmal beginnt die Geschichte des Wolfes. Der Wolf soll für unsere Zwecke das Tier präsentieren, so wie der Baum die Pflanzen. Wir haben Respekt vor dem Wolf und das ist gut für unser Vorhaben. Außerdem ist der Wolf ein philosophisches Tier: „Homo homini lupus. Der Mensch ist des Menschen Wolf", schrieb Thomas Hobbes. Zudem ist der Wolf ausreichend Tier, um ihn klar vom Menschen zu unterscheiden. Bei Menschenaffen dagegen wäre die Gefahr zu groß, dass die diffusen Übergänge uns verwirren. Und nicht zuletzt repräsentiert der Wolf den perfekten Römer, schließlich wurde Romulus, der Begründer Roms, wie sein Bruder Remus auch, von einer Wölfin gesäugt.

Die frühen menschlichen Gesellschaften waren den wölfischen sicher sehr ähnlich. Das sieht man an der Durchlässigkeit beider

Gesellschaften, denn sie können jeweils Mitglieder der anderen integrieren. Die Wölfe werden bei den Menschen aufgenommen und verwandeln sich in Hunde. Umgekehrt können Menschen von Wölfen akzeptiert werden und Teil ihrer Gemeinschaft werden. In einigen Mythen erscheint dieses Motiv, aber auch in der Realität finden sich Beispiele der Integration. Raduard Kippling erzählt im Dschungelbuch die Geschichte von Mogli, dem Menschenjungen, der bei den Wölfen aufwächst. Romulus kennen wir bereits. In Indien wurden zwei Mädchen gefunden, die von einer Wölfin aufgezogen worden waren. Sie sprachen kein Wort, gingen nicht aufrecht, liefen dafür flink auf allen Vieren. Die beiden wurden auf einer Jagd entdeckt, die Wölfin, die sie zu schützen versuchte, getötet. Die dadurch verwaisten Schwestern, die die Namen Amala und Kamala erhielten, wurden einem Missionar, Reverend Singh, übergeben, der versuchte, sie zu Menschen zu erziehen. Erst als das eine Mädchen starb, brach der Widerstand des anderen. Es weinte über den Tod der Schwester und zeigte damit die erste Spur menschlichen Verhaltens. Im Laufe der Zeit lernte es aufrecht zu gehen und an die 50 Worte zu sprechen. Das Mädchen wurde zur jungen Frau und starb. Ich glaube, keiner hat ihr jemals die Frage gestellt, ob sie als Wölfin oder Mensch glücklicher war.

Es gibt noch mehr Fälle, in denen Menschen bei Tieren Asyl fanden. In der Ukraine wuchs das Mädchen Oxana Malaya bis zum Alter von acht Jahren bei Hunden auf. Danach kümmert sich ein Waisenhaus um sie. Nach wie vor misstraut sie den Menschen und vertraut sie den Hunden. Heute hilft sie in einem Heim für geistig Behinderte die Kühe zu hüten. Neben Hunden und Wölfen, können auch Kühe, Ziegen, Schafe, Affen, angeblich sogar Gazellen, Bären und Strauße Menschenkindern Asyl bieten. All diese Fälle zeigen, dass Menschen in Tiersozialitäten integriert werden können.

Zwischen Wolfsrudeln und menschlichen Sippengemeinschaften lässt sich so manche Parallele entdecken. Beide basieren auf Verwandtschaft. Beide weisen relativ einfache Rollenstrukturen auf. Bei beiden ist die Gruppe klein genug, um das Individuum deutlich erkennen zu lassen. Sicher, es gibt Hierarchie und Beziehungsgeflecht, Positionen im Sozialen, die in gleicher Weise existieren, unabhängig davon, welche Person sie einnimmt. Aber im Umgang miteinander ist es immer möglich, die Eigenheiten der Person genauso zu berücksichtigen wie die Position.

Wir sehen in beiden Fällen Sozialitäten im Keimstadium. Sie sind noch nicht so ausdifferenziert wie komplexe Gesellschaften. Die Arbeitsteilung hat noch nicht so raffinierte Ausmaße angenommen. Die Rollen bestimmen noch nicht in dieser Ausschließlichkeit den Umgang miteinander.

In der Gruppe sind die Individuen erfolgreicher. Damit die Gruppe funktioniert, fordert sie jedoch Anpassung. Das erfolgreiche Individuum muss gruppenförderliche Eigenschaften aufweisen. Es muss in die vorgesehenen Funktionen passen. Es muss Funktionen in seine Persönlichkeit integrieren. Mit steigendem Maß an Arbeitsteilung und Rollendifferenzierung müssen immer mehr anschlussfähige Aspekte in die Persönlichkeit integriert werden. Aspekte, die sich sogar widersprechen können: Intra- und Interrollen-Konflikte treten auf. Aspekte, die nichts miteinander zu tun haben oder die je nach Anforderung sich zeigen oder verschwinden müssen. In komplexen Gesellschaften ist man nicht nur Schneider, sondern auch Busfahrer, Familienvater, Fußballfan, Minigolfer und vieles mehr. Der Mensch ist schließlich nichts als die Variable, die sich je nach Situation mit unterschiedlichen Rolleninhalten füllt.

Nach der Integration in die menschliche Gesellschaft wird der Wolf im Strudel der Transformationen mitgerissen. Er hat Funktionen zu erfüllen. Einst war er Wächter und Jagdbegleiter, nun ist er auch Freund, Dekoration, Statussymbol, Tröster in alten Tagen. Er ist als Hund zur Variable geworden, die je nach Funktion nicht nur das Verhalten, sondern auch die Gestalt ändert, zum wachsamen Schäferhund, bissigen Pitbull, winzigen Pinscher oder Chihuahua mutiert. Er hält uns mit diesem Spektrum vor Augen, was innerlich aus uns geworden ist.

Kulturalisierung

Als Hund begleitet der Wolf den Menschen auf seinem Weg aus der Natur heraus. Dabei ist er nicht nur Weggefährte, sondern auch Opfer. Der Mensch hat an ihm eine ganz eigene Schöpfungsgeschichte durchexerziert, denn die Domestikation geht mit einer genetischen Transformation einher. Die Funktion, die der Hund einnehmen soll, wird an seinem Körper sichtbar.

Aber auch wenn er in manchen Fällen zur Dekoration modebewusster Frauen und Männer verkommt, auch wenn es die verachteten Straßenköter gibt und Hunde in manchen Erdteilen Nahrungsmittel sind, sehr oft nimmt er einen besonderen Platz bei den Menschen ein, wird eine Art Freund und fast Teil der Familie.

Ich denke an das Büro eines Arbeitskollegen. Sein Hund liegt versteckt in der Ecke unter dem Tisch. Der Hundegeruch dominiert dauerhaft den Raum. Selbst lange nach Arbeitsschluss, wenn das Büro längst verlassen ist, ist das Tier über den Geruch noch gegenwärtig. Wenn jemand den Raum betritt, kommt der Hund neugierig hervorgeschlichen. Er verlangt, dass er gestreichelt oder verscheucht wird. Über die eingeforderte Sorge um ihn, bemächtigt er sich des Menschen. Früher mussten die Hunde wachen, jagen oder Schlitten ziehen. Heute leisten sie als Stadthunde nur noch Gesellschaft. Der Mensch arbeitet für den Hund und nicht umgekehrt.

Im Laufe der Zeit hat der Mensch viele Arten in Kultur genommen, sie mindestens ebenso verändert wie den Hund. Alle wurden zu seinem Nutzen gestaltet. Die Äpfel wurden größer und süßer, das Getreide ertragreicher, die Schweine schneller schlachtreif. Mit dem einmal gezüchteten Ergebnis ist es aber nicht getan. Die in Kultur genommene Natur muss ständig umsorgt werden, gegen Krankheiten verteidigt, bewässert, gefüttert, gemolken werden. Die kulturalisierte Natur wurde zu dauernden Aufgabe. Die ursprüngliche Natur muss nicht umsorgt werden, sie erhält sich selbst. Diese Werknatur aber ist unselbstständig, bedarf zu ihrem Überleben des Menschen. Selbstverständlich überwiegt der Nutzen für den Menschen, sonst hätte er die Kulturnatur längst aufgegeben, aber über die übliche Ausbeutung hinaus, hat sein Verhältnis zur Natur eine weitere Facette hinzugewonnen. Die Natur wird kulturell überformt und auf eine neue, tief greifende Weise in Besitz genommen. Dieser Besitz aber, nimmt auf seine Weise den Eigentümer gefangen. Ein inniger Bund entsteht, eine Allianz aus Kulturnatur und Mensch, die der ursprünglichen Natur gegenübersteht: angeeignete Natur versus selbstständige Natur, Hund gegen Wolf.

Warum sollte der Mensch diese erfolgreiche Strategie nicht auch gegen sich selbst wenden? Warum nicht auch die menschliche Natur auf diese Weise in Kultur nehmen? Das ist kein abwegiger Gedanke. Menschen werden seit langem geschult, um an bestimmten Stellen der Gesellschaft ihre Funktion adäquat zu verrichten. Noch haben wir nicht begonnen, uns selbst zu züchten und biologisch in Kultur zu nehmen. Aber je nach Funktion ziehen wir uns bereits andere Kleidung über und zeigen uns schon jetzt transformiert in unterschiedlichen symbolischen Kulturrassen.

Bios und Psyche

Das Herz liegt offen da. Es ist von einem Strahlenkranz umgeben. Das deutet auf Herrlichkeit. Es wird eng von einem Dornenkranz umschlungen. Das deutet auf Leid. Die gleiche Verbindung von Leid und Herrlichkeit zeigt ein kleines Kreuz, das über dem Herzen leuchtet.

Herz Jesu - in diesen religiösen Darstellungen zeigt Jesus sein Herz. Das Bild zeigt Jesus, der auf sein Herz deutet. Ein doppelter Verweis. Sein Gesichtsausdruck ist anwesend und abwesend zugleich. So muss man sich vielleicht Gottes Präsenz vorstellen: anwesend und abwesend im gleichen Moment.

Es geht um die Darstellung äußerster Verwundbarkeit. Das Herz wird durch keinen Brustkorb geschützt. Es ist bereits verwundet. Die Dornen haben sich bereits eingegraben. Die ersten Blutstropfen sind bereits sichtbar. Es ist die gleiche Geste: Ein Gott, der Mensch wird. Ein Mensch, der sein Herz ungeschützt darbietet. Beide Male geht es um Exponierung, um Ausgesetztsein, um Verwundbarkeit. Die Inkarnation macht verwundbar. Sie wandelt den Unverwundbaren in einen Schutzbedürftigen. Das Sein wird ein spezielles Dasein. Das Absolute wird hinfällig, leicht, zufällig, unwichtig. Am Sein hängt alles, am einzelnen Dasein nur dieses Dasein selbst.

Doch das Absolute setzt sich nicht mit aller Konsequenz aus. Nur ein Teil der Dreifaltigkeit wird Mensch. Der Rest bleibt weiterhin absolut und unverwundbar und wenn das Dasein endet, so zieht es den ausgesetzten Teil in sich zurück. Es gab keine Gefahr. Die Gefahr war gespielt. Es ist nur ein Spiel für die Gottheit. Der Gesichtsausdruck ist anwesend und abwesend zugleich.

Unser Herz ist ausgesetzt. Der Brustkorb schützt es kaum. Ein Messer flitzt leicht zwischen den Rippen hindurch. Ein Aufprall im Straßenverkehr, ein Flugzeugabsturz, ein Herzinfarkt, eine schwerwiegende Krankheit oder einfach das Alter – und das Herz hört auf zu schlagen. Unser Herz umgibt kein Strahlenkranz. Keine Herrlichkeit erleuchtet es. Es gibt keine Hoffnung, dass uns die beiden anderen, die in Sicherheit zurückblieben, zu sich holen, denn wir sind allein.

Wir sind Dasein und die Verbindung mit dem Sein ist stets zweifelhaft und unsicher. Das Dasein wird enden. Das Sein wird bleiben. Wir haben versagt. Wir wurden zu leicht befunden gegenüber dem Sein. Die göttliche Inkarnation dagegen ist nicht konsequent, sie bleibt göttlich und im Grunde unverwundbar. Die Schöpfung ist da gewagter, sie ist vollständig konsequent. Sie wirft die Geschöpfe gänzlich aus dem Olymp. Karnation statt Inkarnation.

Unsere Gedanken sind immer aalglatt. Sie glitzern, sind stahlblau und hart. Sie keuchen nicht, sind niemals atemlos. Vielleicht werden die Zusammenhänge schütter. Die Richtigkeit eines Gedankenganges ist manchmal in Gefahr, aber die Gedanken selbst kennen keine Gebrechlichkeit. Unsere Psyche meint sich unsterblich, weil sie ihren Tod nicht denken kann. Alain hat das beschrieben. Wenn du an deinen Tod denkst, dann stellst du dir vielleicht dein Begräbnis vor und alle die Trauernden um dein Grab. Da merkst du, dass du auch mit am Grab stehst und alles beobachtest. Du bist immer noch da. Denk dir das Ende des Universums. Du bist da, um das Schauspiel mit anzusehen. Dich selbst kannst du niemals wegdenken. Du steckst in jedem Gedanken. Die Psyche kann sich also nur unsterblich denken.

Doch dann sehen wir unseren Klumpfuß, unser alterndes Anhängsel. Dieses keuchende, hungrige, durstige, verfallende Etwas. Fassungslos muss unsere unverwundbare Psyche sehen, dass sie an einen Körper gekettet ist, an weiches Fleisch, an ein

Herz, das in jedem Augenblick still zu stehen droht. Unser Körper ist nicht schön und jung genug. Er ist zu fett, zu schwerfällig. Er ist krank. Das Schlimmste aber ist, dass sich die Psyche nicht sicher sein kann. Gerne würde sie glauben, sie sei nur inkarniert, in das Fleisch hineingesetzt, um nach dessen Ende wieder dorthin zurückzukehren, woher sie kam. Im Grunde aber erscheint ihr wahrscheinlicher, dass sie Teil einer Karnation ist. Die Karnation ist ein gewordener Fleisch-Psyche-Zusammenhang. Fleisch und Psyche sind zusammen geworden. Es gibt keine von außen eingeblasene Psyche.

Unsere Existenz ist eine leibliche Existenz. Leibsein ist eine Verbindung aus Psyche und Körper oder besser noch, Leibsein trifft keine Unterscheidung von Psyche und Körper. Unsere Existenz ist eine sichtbare Existenz, eine ausgesetzte, eine leibhaftige. Das verbindet alles. Man ist Leib unter Leibern, ein Stück Welt in der Welt. Doch zeigen außergewöhnliche Situationen, dass da etwas nicht stimmt. Wie ist das im Falle der Anenzephalie, was, wenn im Mutterleib ein Kind heranwächst, das kein Gehirn haben wird? Nähert sich da eine leibliche Existenz oder nur ein Körper? Soll man dem Kind eine Geburt gewähren und ein Begräbnis oder es herausschneiden und zum Abfall geben? Der biologische Teil – hat er wirklich eine eigene Würde? Unsere Existenz mag eine leibliche sein, eine mit biologischem Anteil, aber das Biologische liefert nur Charakteristiken des Leibseins. Aus dem Biologischen leiten sich Eigenschaften ab, Spezifikationen, doch das Entscheidende, die Grundlage, ist die Psyche. Es herrscht keine Gleichberechtigung zwischen Körper und Psyche.

Das hat entscheidende Konsequenzen für unsere Beziehung zur Welt. Durch das Körperliche am Leib ist man eingewoben in die Welt - Körper unter Körpern, Betroffensein von der Welt und Einwirken auf die Welt. Das Physische, das Biologische, schafft eine eindeutige Verbindung. Der biologische Anteil ist eindeutig Natur. Die Zweifel an der Zugehörigkeit zur Natur betreffen erst die Psyche. Was, wenn die Psyche sich nun lossagt?

Der geschichtliche Grund der Psyche ist das Biologische. Im Laufe der Evolution entstand die Psyche. Sie verdankt sich dem Bios. Damit Psyche existiert, muss der Körper funktionieren. Auch hier ist die Psyche Produkt des Bios. Aber in der

Fundierung der Existenz, in dem was seine Würde ausmacht, ist die Psyche das Entscheidende. Die Psyche zieht die Trennlinie. Der Grund für die Trennung von Mensch und Natur liegt in der Abwertung des Bios durch die Psyche.

Die jeweilige individuelle Psyche kann sich ihrer selbst gewiss sein. Ihre Existenz beweist sich im Vollzug der Existenz. Auch ist sich die menschliche Psyche über die Existenz von Psychen in anderen Menschen gewiss. Nur manche Philosophen zweifeln daran, sei es aus Spaß oder Wichtigtuerei. Was aber ist mit anderen Lebensformen? Descartes sprach ihnen Psyche ab, die Tiere sind Maschinen, also Körper, nichts weiter.

An der Schwelle zur Psyche vollzieht sich die Trennung. Hier spaltet sich der Mensch von der Natur ab. Nicht das Feuermachen, nicht die Werkzeuge, nicht die Sprache, nicht die flexiblen Sozialstrukturen – nein, die Emanzipation der Psyche vom Bios markiert die Trennung. Die Psyche und was sie von sich in den Lebensformen erkennt, bestimmt den Abstand.

Abstand

Der Bauer wirft die Gabel hin. Er hat genug. Er will nicht mehr arbeiten. Er will nicht mehr Sklave seiner Umwelt sein. Er hat den Austausch mit dem Gewachsenen satt. Was geht ihn das Gewachsene an. Er ist mehr als das. Er ist aus dem Meer aufgetaucht. Er hat den Kopf zur Sonne gestreckt. Er hat einen Blick auf das Meer gewonnen. Das Meer ersäuft ihn nicht mehr. Er steht auf dem Berg seiner Existenz und sieht die Landschaft vor sich. Er hat sich ein Bild gemacht und das Bild ist so klein, dass er es an die Wand hängen kann.

Er weiß, dass er etwas Neues ist, eine besondere Qualität, nein, eine neuartige Substanz. Er ist kategorial verschieden. Er ist unvergleichlich. Er ist wertvoller als die Tiere im Stall, als die Pflanzen auf dem Feld. Er hat den Wert erst in die Welt gebracht. Er hat allem einen Namen gegeben und einen Wert zugewiesen. Er hat damit alles nochmals geschaffen und neu geordnet. Vielleicht hat er überhaupt erst Ordnung hineingebracht. Vielleicht war alles ohne ihn nur blindes Geschehen.

Kann er nicht sagen, dass die Natur sich freut über seine Existenz? Durch ihn und in ihm wird die Natur sich ihrer selbst erst bewusst. Er verteilt Sinn an alles. Er ist der oberste, ja der einzige Sinnverteiler. Er versprüht Sinn in die Welt und verleiht allem Bedeutung, Bedeutung für ihn. Die Natur akzeptiert das. Wie sollte sie auch nicht. Sie hat keinen Überblick. Sie ist einfach nur, strömt dumpf vor sich hin. Sie geschieht nur ohne Belang.

Er weiß, dass sie ohne ihn ohne Belang wäre, denn er hat sie so definiert.

Es handelt sich um eine Revolution. Er bringt Abstand zwischen sich und die Natur. Er erkennt der Mutter die Mutterschaft ab. Die Geschichte übergibt der Gegenwart keine Verpflichtungen. Die Geschichte wird in der Gegenwart neu geschrieben. Auch wenn ich aus der Welt stamme, so der Bauer, schulde ich der Welt doch nichts. Schuld und Sühne, das sind Begriffe, die ich erfunden habe.

Der revoltierende Bauer ist das epistemische Zentrum eines Bebens, das die Natur erschüttert. Ja, überhaupt ist die Natur erst Natur geworden, weil der Bauer revoltiert. Weil er sich aufschwingt und abhebt, weil er fortgeht von der Feldarbeit, entsteht die Natur. Die Unterscheidung, die er trifft, macht das erst möglich.

Der Bauer sitzt in seinem Überwachungsraum. Die Wände sind voller Bildschirme. Das Glas der Bildschirme trennt ihn von dem da draußen. Das Glas und die langen Kabel, die das Signal transportieren, schaffen Abstand. Das Glas und die langen Kabel sind gar nicht so wichtig. Es ist vielmehr die Beobachterposition. Das Ruhig-Sitzen und Beobachten macht den Unterschied. Die Kontemplation hebt ihn hinaus, so ähnlich hat das schon Aristoteles gesehen. Als der Bauer noch mitrannte, wenn die Natur rannte, konnte er keinen eigenständigen Gedanken fassen. Er war beschäftigt mit dem täglichen Tun. Er war ein Stück Natur, aber das wusste er ja nicht. Die Natur weiß nichts von sich. Erst als er einmal stillstand, wurde der Weg zum Ort. Er rannte immer in eine Richtung. Plötzlich war die Richtung verschwunden. Die Natur umgab ihn und mit einem Blick auf sich, hob er sich aus ihr hinaus. Vom All aus sah er nun den blauen Planeten.

Er benennt und beschreibt. Er macht Bilder und hängt die Bilder an die Wand. Durch das Sich-ein-Bild-Machen fällt er immer aus dem Rahmen. Er fällt vom Bild in die Beobachterposition. Er war im Bild, doch jetzt steht er davor, betrachtet es und rückt es zurecht, damit es zu seiner Einrichtung passt.

Es gibt kein Zurück. Wie sollte er sich erneut mit Blindheit schlagen? Die Bilder hängen bereits. Würde er in sie hineintreten, kämen sie ihm unwirklich vor. Es wäre ein Spiel, ein So-tun-als-ob. Er kann nicht mehr Aufgehen in der Natur. Das ist eine falsche Sehnsucht. Die, die sie verwirklichen, spielen nur ein Spielchen. Die Rückkehr kann nicht im Ernst vollzogen werden. Das wäre nur eine Inkarnation. Man bliebe mit der alten Position verbunden, hätte sie nie wirklich verlassen. Die Himmelfahrt wäre jederzeit möglich.

Es ist ein Weg ohne Wiederkehr. Der Held, die tragische Gestalt, sie haben den heimischen Hof verlassen. Die Geschichte erzählt sich von der Position des Helden aus. Die Welt, die Natur ist Kulisse. Aber mit dieser Kulisse muss er sich auseinandersetzen. Das macht die Geschichte aus. Sie ist nichts ohne den Helden. Der Held aber braucht das Drumherum, damit eine Geschichte entsteht. Das Drama, die Komödie, die Tragödie – Natur und Mensch geben ein Schauspiel. Es ist zum Lachen. Es ist zum Weinen.

Überwältigung

Bisher kam der Blick aus der Stärke. Die Position war eine übergeordnete. Das entspricht unserem Selbstverständnis. Die Dinge, die Welt, die Natur, sind Objekte und die Objekte erscheinen dem Subjekt ausgeliefert. Das Subjekt, das ist die hervorragende, die bestimmende Position. Wir sehen die Welt. Wir bewegen uns in der Welt. Wir nehmen und behüten, was uns gefällt.

Aber das war wohl nicht immer so. Einst waren die Objekte übermächtig. Das Subjekt war ihnen ausgeliefert. Das Subjekt war ein Spielball. Die Naturmächte, Blitz und Donner, Regen und Dürre, hießen Götter. Die Tiere standen noch nicht sauber aufgereiht im Stall, sondern lauerten an den verschiedensten Orten. Die Pflanzen waren voller Gift und im Wald drohte Unheil.

Der Tod ist weder allgegenwärtig noch liegt er in weiter Ferne. Er nähert und entfernt sich, ist in Bezug auf uns in Bewegung. Einmal sehen wir ihm in die Augen. Ein andermal stehen wir Rücken an Rücken und haben ihn vergessen. Er sitzt ganz unbestimmt mit am Tisch. Tiefsinnige Menschen mögen ihn ständig als Ahnung mit sich tragen, doch meist liegt er im Gewühl ganz unten, im besten Versteck.

Die Nähe zum Tod erscheint heute als freiwillige Sache. Immer ist man selber schuld. Die schlechte Ernährung, der mangelnde

Sport, das Rauchen, das riskante Fahren – die Dinge sind unschuldig. Nicht die Objekte versagen oder bedrohen, es ist das Subjekt, das Fehler begeht. Der Tod ist Ergebnis menschlichen Versagens.

Früher war der Mensch unschuldiger. Er war das Opfer. Er wurde vom Schicksal ohne großes eigenes Zutun erschlagen. Der Tod sah nicht so aus, wie der Mensch selbst. Er konnte viele Gestalten annehmen. Unter anderem war er Bär, Tiger oder Schlange. Er nahm an bestimmten Orten bevorzugte Wohnung.

Die Natur war aber nicht nur Bedrohung. Sie war auch Mutter und Ernährerin. Sie war gütig oder auch nicht. Sie beschenkte oder versagte die Zuwendung. Der Mensch hatte sich noch nicht von den Zitzen der Mutter Natur gelöst. Noch hatte er die Melkmaschinen nicht erfunden, mit denen er heute Milch und Honig aus der Natur pumpt. Man musste sich bemühen und man musste bitten und betteln. Die Natur war voller Götter, denen man Opfer brachte.

Die Natur war beseelt - überall Geister, überall Seelen, überall Götter. Nichts war einfach nur Tier oder Pflanze. Selbst die Steine, die Flüsse, die Berge, sie alle hatten Seelen und waren bewohnt von höheren Wesen. Wie viel toter ist heute doch die Welt. Selbst die Lebewesen haben keine Seelen mehr. Nicht mal der Mensch ist sich seiner Seele sicher.

Ganze Heerscharen göttlicher Wesen standen dem Menschen gegenüber. Wie klein und ausgeliefert er dastand, wenn die vielen Augen auf ihn blickten, wohlwollend oder grausam. Es gab keinen Ort des Rückzugs, keinen Ort des Alleinseins und der Sicherheit. Selbst in der Höhle hausten die Götter mit. Niemals konnte er hinter ihren Rücken Grimassen schneiden. Der Mensch war Sklave der Natur. Aber beginnt nicht schon hier der Aufstand?

All dieses Mühen, all dieses Mildestimmen, all dieses Suchen nach Gründen für die Geschehnisse ist bereits ein Überfluss. Da ist schon mehr als in der restlichen Natur. Noch ist die Psyche klein und eine Dienerin, aber sie ist bereits da und in Aktion. Sie versucht zu manipulieren. Sie versucht zu bestechen. Sie treibt Handel mit den Göttern. Wer aber Handel treibt, betreibt

Austausch und Austausch beruht auf gegenseitiger Verpflichtung. Austausch beruht auf irgendeiner noch so unscheinbaren Art von Gleichberechtigung. Da gibt es nicht nur ein Geben auf der einen und ein Nehmen auf der anderen Seite. Die Position des Gebers und Nehmers wechselt hin und her. So emanzipiert sich die Psyche. Das sind die ersten Schritte zur Revolution. Noch tauscht sie mit den Göttern, bald stößt sie sie vom Thron.

Die Natur überwältigte. Sie war wie ein reißender Strom. Sie riss den Menschen mit sich fort. Er konnte noch nicht ausbrechen, konnte noch kein sicheres Ufer erlangen. Er war eins mit dem Strudel der Geschehnisse. Er konnte noch nicht innehalten, sondern musste mit der Natur durch die Welt laufen.

Die Natur flößte ihm Achtung ein. Noch war das Verhältnis brüderlich, auch wenn der Brudermord zum Überleben notwendig war. Die Psyche erkannte fast überall Psyche. Wenn ein Tier getötet wurde, so nahm man einem Geist den Körper. Man vernichtete nicht vollständig, sondern man trennte. Auch hier wieder die Asymmetrie zwischen Psyche und Körper. Der Geist ist unverwundbar und unsterblich. Man kann den Geist, dem man den Körper genommen hat, beschwichtigen. So schlimm ist das nicht. Man kann sein Verständnis erringen und seine Verzeihung. Der Körper, das ist doch nur ein kleines, ein unwichtiges Ding. Die Psyche hat längst ihren Aufstieg begonnen. Die Trennung bereitet sich vor.

Sommerfrischler

Es gibt eine Rückkehr ins Früher, die fast allen offen steht. Es ist der Besuch bei den Eltern. Man sitzt am Tisch und alles ist verklärt. Früher aber lag Streit in der Luft, Aufruhr und Unwillen. Damals zog in einem eine diffuse Sehnsucht ihre Fäden. Der Blick war durch das Fensterglas ins Freie gerichtet. Nur weg hier! Es war nicht das Abenteuer, das lockte. Vor dem Abenteuer hatte man Angst. Es war das ewig Gleiche, das einen vertrieb. Dieser Widerstand, der überall spürbar war, das große Hindernis um einen herum.

Symbol des Früheren, der damals mehr und mehr ungewollten Heimat, ist der Bauernhof. Die kultivierte Natur ist dort Knecht und Herr zugleich. Knecht, weil sie dem Menschen ausgeliefert ist. Herr, weil der Mensch ihr ausgeliefert ist. Das Futter muss rechtzeitig bei den Kühen sein. Die Milch muss rechtzeitig gemolken werden. Die Felder müssen im richtigen Moment bestellt und beerntet werden. Überall und unablässig ruft die kultivierte Natur nach dem Bauern. Der Apfelbaum muss geschüttelt werden, das Brot aus dem Ofen gezogen werden. Man tut es für die Belohnung, das Gold der Goldmarie. Aber vom Gold weiß man nichts, wenn man es tut. Man tut es, weil die Kühe vor Hunger brüllen. Man tut es, weil die Felder Früchte tragen sollen. Man tut es, weil das immer schon so war.

Das Frühere ist der Bauernhof, der Austausch mit dem Gewachsenen, die gegenseitige Knechtschaft, die gegenseitige Herrschaft, je nachdem. Erst die Stadtluft macht frei. Das Neue, die Alternative, ist die Stadt. Dorthin muss man gehen, um zu entfliehen. Hier hat der Mensch nur mit Gebautem zu tun, mit seinem Werk. Hier ist der Mensch unter seinesgleichen, überall. Das Stadttor markiert die Schwelle. Die Stadtmauer ist der Riss, der durch den Menschen geht und in ihm Mensch und Natur voneinander trennt. Der Stadtmensch fühlt Verachtung für das Land. Die da draußen erscheinen ihm tollpatschig und unmodisch gekleidet. Sie haben von so vielen Dingen keine Ahnung, die man doch für ein wirklich menschenwürdiges Leben braucht.

Der Städter verlässt die Stadt nur noch zur Sommerfrische. Damit so etwas wie Sommerfrische möglich wird, nimmt man sein Stadtmensch-Sein mit auf das Land. Der Bauer geht in keine Sommerfrische. Er arbeitet für seine Tiere und für die Urlauber, die an seinem Tisch sitzen und sich von der Stadt erholen. Der Städter besucht seine Eltern und ist mit ihnen versöhnt. Sie behandeln in jetzt als Gast und nicht als Mitverpflichteten im Dienst an der kultivierten Natur. Man sieht nun von draußen durchs Fensterglas in die Stube, hat die Freiheit in der Tasche. Die Pflicht erscheint jetzt als Idyll.

Die Geschichte des Städters ist die Geschichte des Menschen. Sein Weg hinaus, war ein Weg in Etappen. Der Bauernhof ist eine davon. Davor kam die Jagd mit Speer, Pfeil und Bogen. Danach die Sklaverei in der Fabrik. Die Maschinen waren anfangs grob zum Menschen. Jetzt sind sie freundlicher, vielleicht auch deswegen, weil der Mensch nun besser zu ihnen passt.

Besucht der Städter heute die Natur, so wirft er einen verklärten Blick auf seine Wurzeln. Er betrachtet die Natur, fühlt die Entlastung von der Pflicht. Er hat sein Stadtmensch-Sein dabei. Hätte er das nicht, wäre er sofort wieder gefangen im Dickicht. Er lässt sich auf das Naturerlebnis ein, aber nicht so tief, dass seine Heimkehr vollständig würde.

Könnte man die Geschichte nicht auch anders erzählen? Statt dem, der auszog, seine Freiheit zu finden, erscheint nun der, der in hohem Bogen hinausgeworfen wurde, weil er nichts taugt: die Vertreibung aus dem Paradies. Wer in der Natur, mit der Natur nicht zurechtkommt, geht unter. Es gibt kein außerhalb. Es gibt keine Gefangenen, die eingeschlossen und damit ausgeschlossen würden. „Macht keine Gefangenen!" lautet der Schlachtruf. Die Natur fällt immer nur Todesurteile. Will man das Todesurteil nicht hinnehmen, muss man tüchtiger werden, angepasster. Oder man stellt sich außerhalb, bricht die Spielregeln und beginnt ein eigenes Spiel. Man verwandelt das Todesurteil in Verbannung. Man gründet die Städte.

Dass die Spielregeln geändert wurden, davon weiß die Natur nichts. Sie kann nichts wissen, denn sie ist keine Person. Sie ist die Gesamtheit ihrer Spielregeln. Von ihr aus gesehen, gibt es außerhalb dieser Spielregeln keine anderen. Für sie spielt der Mensch immer noch ihr Spiel. Er hat die Heimat nie verlassen. Das bildet er sich nur ein. Er hat nur eine neue Strategie. Aber darum geht es ja, um die Entwicklung neuer Strategien. Möge die bessere, die schlauere, die unvorhergesehenere, die auf neue Weise Lücken nutzende, gewinnen.

Einzigartige Strategien gibt es in der Natur wie Sand am Meer. Das Besondere ist das Übliche. Sprache, Autos, Weltraumfahrt und Gedichte stellen niemanden außerhalb der Natur. Dann müssten auch Bakterien, die in kochend heißem Wasser überleben können, außerhalb stehen, oder Tiefseelebewesen, die in Bereichen mit Druckverhältnissen leben, in denen niemand sonst überlebt. Eine neue Strategie bricht die Regel nicht. Die Natur setzt die Grenze nicht. Der Mensch zieht die Stadtmauer und reißt sich wie das Rumpelstilzchen in der Mitte entzwei und das unschuldige Kind verschwindet gerade deshalb.

Morast

Es heißt, die Natur, das ist das Unbewusste, die versteckte Seele. Gehst du in den Wald, entdeckst du deine dunklen Gründe. Es sind die tiefen Wurzeln, die in der Natur liegen. Die Psyche steht mit einem Bein im Morast. Sie ist immer noch über die Nabelschnur an ihre Herkunft angekettet. Einige werden dadurch beunruhigt, andere beruhigt.

Was soll das? Warum diese Faszination, wenn man in die Nacht schaut. Wir kennen die Faszination des Feuers, die hypnotisierende Wirkung der Flammen. Eine ähnliche Verlockung geht vom unbekannten Inneren aus. Wir meinen, da wäre etwas. Ein nicht ganz unbegründeter Verdacht. Schließlich sind die Gedanken plötzlich da, wie aus dem Nichts. Also ist das Nichts nur scheinbar ein Nichts, sondern vielmehr ein Etwas, eine Schicht darunter. Etwas Geistiges wie das Bewusste, aber eben nur unbewusst. Searle verzichtet auf das geistige Unbewusste und nennt das, was darunter liegt oder davor oder mittendrin, einfach unbewusste Gehirnprozesse. Das ändert aber nicht viel.

Das Bewusstsein ist mit ständiger Nacharbeit beschäftigt. Etwas wird getan, etwas muss daher gewollt worden sein. Schnell müssen die Gründe nachgeschoben werden, damit dem Bewusstsein die Illusion der Steuerung bleibt. Die Psyche wähnt sich losgelöst von der Natur und sie will nicht wahrhaben, dass die Natur dennoch ständig ihre Finger mit im Spiel hat. Ja, vielleicht funkt sie nicht nur ein Stück weit dazwischen, sondern zieht die Puppe an unsichtbaren Fäden wohin sie will. Ist der die Natur übersteigende Mensch also vor allem eine Illusion, die er sich selbst geschaffen hat? Was für ein Jux, dem man da aufgesessen wäre.

In welchem Verhältnis steht die Psyche zu ihrem Hinter- oder Untergrund, zu den sie beeinflussenden, vielleicht sogar steuernden Elementen? Wird sie bedroht oder vielleicht sogar unterstützt? Befindet sie ich im Krieg? Muss sie Frieden schließen? Muss sie in die Psychoanalyse? Die Natur, sie liegt wohl nicht nur da draußen im Bios. Sie hat sich eingenistet. Sie lauert vielleicht in der Psyche selbst. Das Unbewusste hat das Bewusstsein vielleicht fest im Griff.

Man kann das Unbewusste belauschen. Man schließt die Augen. Man träumt. Man meditiert. Man geht im Geiste einen geschwungenen Weg entlang. Rundherum die Landschaft. Wie sieht sie aus? Man betritt den Wald. Man geht ein gutes Stück hinein. Wie ist dieser Wald gestaltet? Dann biegt man links ab. Man verlässt den Weg. Man durchschreitet den Wald. Wie fühlt sich das an? Dann kommt man an eine Quelle. Das Wasser, wie sieht es aus? Ist es klar und hell, oder dunkel und schlammig? Ein Tier nähert sich. Welches Tier ist es?

Was wird da erfahren? Welche Antworten geben diese Bilder? Auf welche Frage? Verbindungen zeigen sich. Verbindung mit was? Wieso sollte das Unbewusste Natur sein? Warum sollten die Worte „Natur" und „Unbewusstes" sich auf denselben Gegenstand beziehen? Wenn das Unbewusste, genauso wie die Natur, von unseren Wurzeln spricht, ist sie dann so etwas wie unsere Heimat? Die Heimat ist meist mit der Kindheit verbunden. Die Kindheit ist vor allem Träumerei. Heimat heißt früher, vordem, vor dieser Zeit. Die Heimat aufsuchen bedeutet, heute mit dem Früher verbunden zu sein. Daheim sein heißt, in sich selber zu stehen, im Mittelpunkt der eigenen Welt.

Wer in das Unbewusste schauen will, meditiert über den Wald, das Wasser, aber nicht über die Stadt. Die Stadt steht für Wachheit. Ninive, eine Stadt aus der Bibel, ist so groß, dass man drei Tage bräuchte, um diese Stadt zu durchwandern. Nicht drei Tage und Nächte, nein, drei Tage. Ninive ist eine verfluchte Stadt. Sie schläft nie. Es ist dort immer hell. Sie ist immer bewusst. Sie hat keine Wurzeln mehr. Sie ist der pure, der abgekoppelte Kulturteil im Menschen. Sie ist unvollständig. Es droht die Zerstörung.

Was ist das für eine Psyche, die sich immer wieder umschaut, die zurückblicken möchte. Erstarrt sie nicht deswegen zur Salzsäule? Heißt das nicht, dass sie sich ständig selber bremst? Durch diese Rücksicht kommt sie nie zum großen Ziel, zum Endpunkt der am weitesten gezogenen Linie. Sie kann nicht alles werden, was sie könnte. Die Natur, die alte Wurzel, bremst den Fortschritt. Wenn du auf die Natur blickst, Rücksicht nimmst, dann kostet das Arbeitsplätze und Wirtschaftswachstum, dann kostet das Reichtum.

Vielleicht sitzen wir ja nur einem Irrtum auf. Unbewusstes und Natur haben in Wirklichkeit nichts miteinander zu tun. Was die Psyche braucht, ist nicht Besinnung auf das Unbewusste oder die Natur, sondern Wellness, ab und an ein Wochenende im Spa, ein Stündchen im Fitnessstudio. Es ist schwierig, die Wahrheit zu erkennen. Die Verbindung zwischen Bewusstsein und Unterbewusstsein, zwischen Unterbewusstsein und Natur muss unsichtbar sein, denn das Unterbewusste ist unsichtbar. Es gibt aber gute Gründe für die Annahme solcher Verbindungen. Die Geschichte, auch die Stammesgeschichte, hinterlässt Spuren. Die Spuren da draußen und in uns selbst stammen vom selben Weg. Solch eine Historie hinterlässt nicht nur Oberflächen, auf die die Sonne scheint, sondern auch tief liegende, staubbedeckte Schichten. Wahrscheinlich hinterlässt solch eine Entwicklung auch verschüttete Räume, deren Decken einbrechen könnten und die einen hineinstürzen lassen.

Neben den Spuren existiert außerdem eine Ahnung. Eine Intuition, die man seelisch, tief, unergründlich, vorzeitig nennen könnte. Die Natur und die Bilder aus dem Unterbewussten schlagen etwas an. Es kommen Töne zustande, die ähnlich klingen. Vielleicht hören wir etwas, verstehen wir etwas, das zwar nicht ausgesendet wird, das wir aber auch nicht hineingelegt haben, zumindest nicht bewusst.

Jäger

Ihr wollt zurück zur Natur? Dann stellt ihr nach! Verfolgt sie! Jagt sie, bis ihr sie habt! Duckt euch hinter den Büschen! Lest die Fährte! Haltet euch still, bis sie auf die Lichtung tritt! Gliedert euch ein in den Strom! Lasst euch treiben im Geschehen! Macht es der Natur nach! Kopiert die Bewegung! Nehmt eine Position ein im Schauspiel und spielt eure Rolle! Vermeidet das Nachdenken! Das Beste ist, sich nicht selbst beim Lauern zuzusehen.

Wir haben schon einmal dazugehört. Der Ritus steckt uns noch im Blut. Wir müssen nur die Ahnen in uns wachrufen. Doch die Ahnen sind tot. Es bleiben die Ahnungen. Es bleibt das Gefühl, dass es künstliche und natürliche Handlungen gibt, dass die Natur die natürlichen Handlungen versteht und annimmt. Die Handlung passt in den Kontext wie der Schlüssel ins Schloss. Die Tür öffnet sich und es sieht so aus, als würde man endlich alles richtig machen. Vielleicht betritt man kein Paradies, aber man handelt dennoch gottgewollt.

Ich glaube nicht, dass es einen menschlichen Jagdtrieb gibt. Es gibt nichts, was uns zum Töten schiebt. Es gibt vielleicht den Hunger, der antreibt. (Das ist selten bei uns.) Es gibt die Herausforderung, der man sich stellen will. Es gibt die Gruppe, zu der man gehören will. Es gibt den Alltag, dem man entfliehen will. Und es gibt eben die Ahnung von einer ursprünglichen Rolle, von der man sich unerlaubterweise entfernt hat und die man so wieder aufnehmen kann.

Ein besonderes Merkmal der Jagd ist die Fokussierung auf ein Ziel. Das Verlangen, das hinausgreift, das Haben-Wollen, Erreichen-Wollen, Sich-aneignen-, Sich-einverleiben-Wollen. Es geht nicht um Parasitierung. Der Jäger sieht sich nicht als Parasit, es sei denn, er ist Philosoph. Es handelt sich vielmehr um mehr als eine strukturelle Position. Es sind zwei. Der Jäger ist der Bote des Essers. Er dient dem, der die Früchte der Jagd erntet, auch wenn er es letztlich selbst ist. Es handelt sich um zwei verschiedene Rollen, zwei verschiedene Stellungen zur Natur.

Der Jäger ist abhängig von der Gunst der Stunde. Er bittet die Götter um Beistand. Er ist eingespannt. Er braucht sich auf in der Situation. Die Jagd wird dominiert vom Verlangen. Wenn die Beute vor ihm liegt, spürt er Erleichterung. Der Bogen im Innern entspannt sich. Außerdem verspürt er Triumph und Stolz. Die Freuden des Erbeutens seien dem Jäger noch vergönnt. Auch darf er sich von Schuld reinwaschen, indem er den Geist des erlegten Tieres um Verzeihung bittet. Dann aber verschwindet der Jäger. Aus der Natur, zu der der Jäger gehörte, taucht unvermittelt der Esser auf.

Im Jagen lag der Fokus auf der Natur. Die Aufmerksamkeit war auf sie gerichtet. Das Verlangen zeigte die Abhängigkeit. Jetzt ist die Beute da. Die Welt zentriert sich wieder um den Menschen, der nun die Beute verzehrt. Der Pfeil zeigte bei der Jagd vom Menschen fort. Beim Verzehr zeigen wieder alle Pfeile auf den Menschen.

Es gibt Phasen des Dienstes und des Bettelns und es gibt Phasen des Verzehrs von Reichtum. Die Position des Menschen schwankt. Die Position der Natur schwankt. Einmal ist der eine, ein andermal der andere obenauf. Weil die Natur immer wieder dominiert, bleibt der Mensch an sie gebunden. Die Jagd holt ihn immer wieder auf den Boden der Tatsachen und in den Schoß der Natur zurück.

Was aber, wenn die Position des Jägers wegfällt? Wenn nur noch der Esser übrig bleibt? Dann zeigen die Pfeile immer nur auf den Menschen. Dann ist er ständig im Zentrum, ständig obenauf.

Was, wenn die Jagd nur gespielt ist? Die heutigen Jäger sind der Natur längst nicht mehr ausgeliefert. Sie behalten ständig einen

Fuß im warmen Heim. Die Jäger der Gegenwart sind Inkarnationen, Schauspieler, die im besten Fall versuchen zu glauben, das aufgeführte Stück wäre Wirklichkeit.

Die Natur ist in beiden Fällen unterlegen. Der Mensch kann sich lossagen. Er hat sich losgesagt.

Esser

Unsere Nahrung muss natürlich sein. Das ist unser Fluch. Wir müssen Lebendes verzehren. Wir müssen also töten oder töten lassen. Das ist keine Schande und ist keine Schuld. Auch die Ethik hat kein Recht, Unmögliches zu fordern.

Der Mensch kann in die tiefsten Schluchten der Stadt ziehen. Er kann sich mit Plastik und Beton umgießen. Aber er muss essen und beim Essen muss er lebendige Natur berühren. Nein, mehr als berühren. Er muss sie in den Mund nehmen, kauen und hinunterschlucken. Er muss sie in sein Innerstes leiten. Diese eine Abhängigkeit werden wir nicht los.

Allerdings lässt die unbegrenzte Verfügbarkeit des Essens diese Abhängigkeit vergessen. Daher sieht es so aus, als würde bei der Nahrungsaufnahme allein die Natur unterworfen. Der Esser erscheint wie das Zentrum, auf das alles zufließt. Er ist das schwarze Loch, das alles verschlingt. Das, was er zurückgibt, halten nur Ökologen für wertvoll. Für den Esser ist es abscheulich. Er spült es weg. Für ihn sieht es so aus, als würde er nur nehmen, aber niemals geben.

In der Stadt gibt es Nahrungsmittel im Überfluss. Die Mühen, die der Esser in der Stadt aufbringen muss, haben mit Ernte und Jagd nichts mehr zu tun. Das Herausbrechen aus der Natur und das Umsorgen der kulturalisierten Natur überlässt er anderen. Das Überleben des Essers hängt von der Natur ab. Doch die

Verpflichtung, die sich daraus ergibt, die Natur so zu erhalten, dass sie dem Menschen auch in Zukunft zur Verfügung stehen kann, ist für ihn ein abstraktes, alltagsfernes Gebot geworden, ein Mantra, das man in gewisse Konversationen einfließen lässt. Ein Mem, dessen Gebrauch von seinem guten Herzen erzählen soll. Dieses Gebot geht ihn nichts an, sondern nur die anderen Gebote. Er ist absorbiert von anderen Bemühungen, die ihm nur noch Zeit für Fast Food und Mikrowelle lassen. Die lebende Natur reduziert sich zum Mythos und zu Hund und Katze, die zuhause in der viel zu kleinen Wohnung auf ihn warten.

Wir sind uns was wert, davon mögen wir nicht abrücken. Wir nehmen daher Rücksicht auf uns selbst, zumindest soweit es unsere täglichen Verpflichtungen zulassen. Außerdem herrscht ein brüchiger Konsens darüber, dass auch die anderen Menschen einen Eigenwert besitzen. Im Zentrum ethischer Rücksichtnahme steht der Mensch, sagen wir daher. Ein weiterer, nicht so brüchiger, aber doch angreifbarer Konsens tritt hinzu: Nur der Mensch kann frei und ethisch handeln, heißt es da. Im Zentrum ethischer Verpflichtung steht daher der Mensch. Der Esser spricht in der Kantine von ethischen Verpflichtungen, irgendwie muss er doch das unangenehme Schweigen überspielen.

Der Esser führt in diesem belanglosen Gespräch aus, dass es verschiedene naturethische Standpunkte gibt. Im Anthropozentrismus besitzt nur der Mensch einen Eigenwert und die Natur ist nur so weit wertvoll, wie der Mensch sie benötigt. Nachdem er mit der Gabel das letzte Stück vom Schnitzel aufgespießt hat, fährt er fort: Im Pathozentrismus hat jedes leidensfähige Lebewesen einen Eigenwert. Wenn also irgendein Tier Bewusstsein besitzt und Schmerz empfinden kann, dann muss der Mensch auf es Rücksicht nehmen. Der Esser kaut eine Weile, dann löffelt er im Obstsalat herum. Im Biozentrismus schließlich, hat alles was lebt einen Eigenwert, ja sogar denselben Eigenwert wie wir. Du weißt schon, Albert Schweizer: „Ich bin Leben, das leben will, inmitten von Leben, das leben will." Eine blödsinnige Annahme übrigens, führt der Esser weiter aus, wir dürften dann ja nicht einmal Antibiotika einnehmen, wenn wir krank sind, weil wir dann Bakterien töten. Die Lösung wäre, unterschiedlich viel Eigenwert anzusetzen, je nach Art des Lebewesens, um abwägen zu können. Wenn man das aber tut, stellt das Kriterium, nach dem man die Einstufung vornimmt, den eigentlichen naturethischen Standpunkt dar. Nimmt man die Leidensfähigkeit, ist man eben kein Biozentrist mehr sondern Pathozentrist. Der Esser wischt sich mit der Papierserviette den Mund ab. Und dann sind da noch die Physiozentristen, die der ganzen Natur, auch der unbelebten, Eigenwert zuschreiben wollen, Deep Ecology und so. Also für mich hört es da ganz auf. Der Esser schüttelt den Kopf. Er und sein Gegenüber erheben sich, stellen das Tablett auf das Förderband und gehen zurück in ihre Büros.

Eigenwert erkennen heißt nichts anderes, als Eigenwert zuweisen. Wert ist keine objektive Eigenschaft, die man sehen, riechen oder fühlen könnte. Sie ist eine Projektion, genau wie die alte Projektion, die in der Natur eine oder viele Personen erkennen lässt. Die Natur ist wertvoll, wenn sie voller Götter und Geister ist. Sie ist aber vor allem so schrecklich oder kann so schrecklich werden, dass uns nichts anderes bleibt, als sie zu bitten und zu beschwichtigen. Die Psyche trat deswegen in eine Tausch-beziehung mit der Natur ein. Damit begann ihr Aufstieg. Als es nicht mehr nötig war zu bitten, war es auch nicht mehr nötig, die Natur voller Personen zu denken. Ist die Position der Stärke eingenommen, vermeidet eine entvölkerte Natur unnötige Komplikationen.

Der ethische Eigenwert, der nichtmenschlicher Natur zugewiesen werden soll, ist nichts anderes, als der Versuch der aufgeklärten Psyche, weiterhin den alten Respekt vor Naturpersonen einzuflößen, ohne Geister und Götter zu bemühen. Die Frage ist, ob solche Überzeugungen wirklich ihren Zweck erfüllen, vor allem, da sie so leicht als Märchen und Legenden denunziert werden können.

Serres sieht einen Krieg zwischen Mensch und Natur toben, einen existenzbedrohenden Krieg. Daher fordert er einen Naturvertrag, um diesen Krieg zu beenden. Die Natur kann natürlich keine Verträge schließen. Der Vertrag wäre nichts anderes als eine einseitige Verpflichtung des Menschen. Die Natur reagiert aber, metaphernhaft gesprochen, als wenn sie den Vertrag gegengezeichnet hätte. Ihr bleibt keine Wahl. Sie hat immer schon unterschrieben, den Friedensvertrag genauso wie die Kriegserklärung. Ihre inneren Zusammenhänge bringen eine Antwort hervor, die dem Anruf entspricht. Wie man in den Wald hineinruft, so schallt es zurück. Der einzig heikle Vertragspartner, der, dem man nicht trauen kann, das ist der Mensch.

Der Naturvertrag ist nichts als eine Metapher. Wir Sprach- und Kulturwesen verstehen Metaphern jedoch besser als die kalten Objekte. Wir haben immer nur mit Bedeutungen zu tun. Die Gelegenheitsursachen der Bedeutungen, die Anstöße der Wirklichkeit verstehen wir nicht. Verstehen heißt Bedeutungen erkennen. Wir brauchen lebensdienliche Bedeutungen, vielleicht will Serres nichts anderes sagen als das.

Der Esser konsumiert Natur. Er nimmt und gibt nichts zurück. Er kann nichts zurückgeben, denn die Natur benötigt nichts. Sie ist keine Person und hat keine Bedürfnisse. Weil sie aber die Grundlage seiner Existenz darstellt, können wir sagen, sie lässt den Menschen zu, sie ermöglicht ihn erst. Dadurch entsteht ein Abhang, ähnlich wie der zwischen Sein und Dasein. Das Sein ist eine Gabe und das Dasein zu keiner entsprechenden Gegengabe fähig. Die belebte Natur stellt sich in diesem Verhältnis auf die Seite des Menschen. Das Dasein der nichtmenschlichen Lebewesen wird genauso wenig dem Anspruch des Seins gerecht wie das menschliche. Belebte Natur und Mensch, beide führen ein Dasein. Sie sitzen beide im selben schaukelnden Boot. Mehr noch, dieses schaukelnde Boot ist ein Meer für ein weiteres schaukelndes Boot, in dem die Menschen sitzen. Zwei Boote, zwei Abhänge, an denen wir hängen und denen wir nach wie vor ausgeliefert sind.

Borg

Die Borg, Science-Fiction-Wesen aus der Star Trek-Reihe, sind Kreaturen aus Mensch- und Maschinenkomponenten, hässliche Halbmaschinen oder Halbmenschen.

Mensch und Maschine sind in jeder Mensch-Maschine ein Widerspruch, ein Gegensatz, durch den sich ein schlecht verklebter Riss zieht. Sie sind eine erzwungene Vereinbarung von Unvereinbarem. Die Borg sind geradezu das Sinnbild einer misslungenen Dialektik. Ihre beiden Anteile erscheinen wie eine Kakofonie, als fortdauernde und nicht enden wollende gegenseitige Vernichtung. Es ist der eingefrorene Moment des Vernichtungsakts, dem kein Auslöschen folgt. Der Mensch wird durch die Maschine entstellt. Er geht in der Maschine unter. Er wird von der Maschine getötet und bleibt doch am Leben. Das Individuum hat aufgehört zu existieren. Alle Borg sind miteinander verbunden und partizipieren an einem gemeinsamen Schwarmbewusstsein. Die eigene Stimme geht im Stimmenwirrwarr aller verloren. Es gibt kein Ich mehr, nur noch das Wir.

Die Borg wollen sich weiterentwickeln. Dazu reisen sie durch das Universum. Sie eliminieren fremde Völker, um sie in sich aufzunehmen. Der Prozess nennt sich Assimilation. Der biologische Körper wird transformiert, die Individualität gelöscht, die Verbindung zum Schwarmbewusstsein hergestellt. Die Maschinenteile werden eingebaut und angekoppelt.

Der erste Kontakt mit einer neuen Lebensform läuft immer auf die gleiche Weise ab. Die Borg senden eine Botschaft. Sie lautet: „Widerstand ist zwecklos. Ihr Volk wird assimiliert. Ihre Kultur und Ihre technischen Errungenschaften werden Teil der Borg." Die Borg sind mächtig. Ihnen kann keiner widerstehen. Sie sind der Schrecken des Universums.

Wir sind längst assimiliert worden. Wir sind die Borg. Die Borg, das sind wir. Wir assimilieren das, was außerhalb unserer selbst liegt. Wir verleiben uns die anderen biologischen Lebensformen ein. Widerstand ist zwecklos. Wir sind übermächtig. Wir sind der Schrecken der Erde.

Das Assimilieren ist ein tragischer Vorgang. Die Borg erreichen dadurch nicht, was sie erreichen möchten und das macht die Borg zu einer tragischen Gestalt. Die Tragödie liegt nicht so sehr im Verschwinden der Eigenständigkeit der fremden Lebensform, die assimiliert wird, sie liegt im Scheitern der Borg an ihrem eigentlichen Ziel. Die Botschaft, die für die Fremden wie eine Drohung klingen muss, ist für die Borg eine Verheißung, eine Hoffnung. Die fremde Kultur, die fremde Art zu leben, soll Teil der Borg werden. Dadurch möchten sie sich weiterentwickeln. Sie wollen jemand anderes werden. Doch durch die lückenlose Transformation der Fremden in Borg, bleiben sie dieselben Borg, die sie vorher waren. Sie nehmen an Zahl und Masse zu, aber nicht an Qualität. Die Transformation verläuft nur in einer Richtung. Das Fremde wird zum Eigenen. Das Eigene wird aber nicht anders.

Wir Menschen sind Borg. Wir sind halbe Maschinenwesen. Die Technik ist der Körper der Gesellschaft. Menschsein heißt zur Hälfte Technik sein. Wer glaubt, wir würden Technik nur benutzen, täuscht sich. Technik benutzt uns, transformiert uns. Menschsein ist ein Austausch mit Gebautem, ein techno-bio-psychischer Zusammenhang. Das Gebaute hat längst die Rolle des Gewachsenen übernommen. Austausch mit der lebendigen Natur, das ist nur etwas für Bauern. Die Zivilisation ist längst einen Schritt weiter.

Lerncomputer und Videospiele machen Kinder techniktauglich. Sie sind die ersten Transformatoren. Technik wird unsere zweite Natur. Wie Augen funktionieren, erklärt man, indem man beschreibt wie Kameralinsen arbeiten, nicht umgekehrt. Technik bestimmt, wann wir die Straße überqueren dürfen. Technik denkt für uns. Wir füttern die Computer mit Daten und vertrauen den Ergebnissen, die sie ausspucken. Menschmaschinen sind der Normalfall geworden, pure Menschen eine Seltenheit. Menschen koppeln sich seriell, das heißt nacheinander, oder parallel, das heißt gleichzeitig, an die verschiedensten Maschinen und Geräte. Sie fluktuieren wie erhitzte Moleküle zwischen Terminals und Portalen hin und her. Sie sind selbst zu Leitungen und Datenträgern geworden.

Das Autofahren ist das Paradigma unserer Zeit. Der Autofahrer ist ein leibhaftiger Borg. Beim erfahrenen Autofahrer sind die Übergänge vom Leib zum Auto verwischt. Das Auto ist ein Leibfortsatz. So wenig wie man den Leib steuert, so wenig steuert man das Auto. Für Steuern, Schalten und Pedale treten, muss kein bewusster Gedanke mehr verschwendet werden. Die Aufmerksamkeit gilt nur noch dem Weg und dem Ziel.

Alles, was die Borg anfassen, wird Borg. Das Schema ist bekannt. Es steht für einen Fluch. Alles, was der verfluchte König Midas anfasste, wurde zu Gold. Gold glänzt und erscheint uns wertvoll. Gold ist aber alles andere als lebensnotwendig. Im Gegenteil, es ist lebensfeindlich. Gold ist steril.

Die Borg können keine Synthese mit den fremden Ordnungen herstellen. Sie lösen diese Ordnungen auf, nehmen das borgartige Material heraus, um damit ihre Ordnung fortzuführen. Die Elemente verlieren dadurch ihre ursprüngliche Bedeutung, denn diese hatten sie nur als Teil der fremden Ordnung. Dieser Vorgang ist nichts anderes als Verdauung. Das Schwein, das Huhn, sind die fremden Lebensformen. Sie laufen, stinken, flattern, grunzen und gackern als Konsequenz ihrer inneren Ordnung. Der Schlachter macht sie zu Gold. Und dieses Gold wird Borg. Der natürliche Mensch, im Grunde bereits undenkbar, wird in der Kultur vergoldet und maschinell ergänzt, wird Borg.

Narziss

In Paulos Coelhos Buch liest der Alchimist in einem Buch die Geschichte von Narziss. Narziss ist in sich selbst verliebt und betrachtet seine Schönheit im klaren Wasser eines Teichs. Eines Tages neigt er sich seinem Siegelbild so weit zu, dass er ins Wasser fällt und ertrinkt. Der Teich weint vor Trauer. Sein Wasser wird salzig. Die Göttinnen des Waldes fragen ihn nach dem Grund seines Kummers und er antwortet: „Weil Narziss nicht mehr da ist." Sie meinen das zu verstehen und sagen: „Du trauerst, weil du die Schönheit Narziss' nie mehr wieder sehen wirst." „War Narziss denn schön?", fragt der Teich. „Ich weine, weil ich meine eigene Schönheit nun nicht mehr im Spiegelbild von Narziss' Augen betrachten kann." Der Alchimist und wahrscheinlich auch Paulo Coelho finden diese Geschichte wunderschön. Mir erscheint sie tragisch und beunruhigend.

Es ist eine andere Möglichkeit, die Geschichte der Borg zu erzählen. Es ist eine genauso unglückliche Geschichte, nur an die Stelle der unglücklichen Borg tritt der glückliche Narziss. Narziss ist selbstverliebt und voller Freude wenn er sich sieht. Erkenntnistheoretisch ist er jedoch genauso isoliert wie die Borg und genauso unfähig zur Entwicklung. Er ist weltblind und möchte es auch sein. Die Borg dagegen verzweifeln an ihrer Situation, auch wenn ihnen ihre Verzweiflung nicht bewusst wird. Sie möchten mehr sehen. Narziss wirft sein Netz aus, um sich selbst darin zu fangen. Sein Netz enthält keine Spuren von der Welt da draußen und wenn er sie einfangen würde, so wären sie nur Störungen über die hinweggesehen werden muss. Leichter

Wellenschlag lässt das Spiegelbild variieren. Die Variation stört und wird weggedacht. Die windstillen Tage sind Narziss am liebsten.

Die Natur, in deren Mitte der Teich liegt, ist völlig nebensächlich. Sie dient nur als Kulisse, vor der Narziss sich ästhetisch bewegen und abheben kann. Die Kulisse ist nur ein diffuser Hintergrund, um Raum für Narziss zu lassen. In dem Moment, da er seinen Blick dem Teich zuwendet, wendet er ihn ab. Er blickt nicht auf den Teich, er blickt auf sich selbst.

Der Teich ist ein Teich und er ist es auch nicht. Er ist etwas anderes. Er ist jemand anderes. In dieser Geschichte kommt die Natur vielleicht gar nicht vor. Der Teich ist ein zweiter Narziss. Narziss und Narziss betrachten sich in den Augen des jeweils anderen. Narziss ist das Symbol einer selbstverliebten Sozialität. Einer Sozialität, die im Grunde keine mehr ist. Der andere ist Mittel, ist Spiegel. Der andere spielt nur eine Rolle als mehr oder weniger brauchbarer Spiegel. Applaudieren die anderen, sind sie gute Spiegel. Fehlt ihnen die Bewunderung, so sind sie nichts als belanglose, stumpfe Oberflächen. Narziss strebt nach nichts, denn er meint, er hätte sein Ziel erreicht. Seine Freude ist der Grund seines Stillstands. Narziss ist ein furchteinflößendes Wesen. Narziss ist ein Unmensch und er ist Unnatur, ein Monster.

Sammler

Da draußen ist etwas Vielgestaltiges. Da draußen ist ein Zusammenhang oder ein Geschehen. Etwas ist da. Der Sammler zieht hinaus, um mit etwas wiederzukommen. Er bringt etwas mit, aber nicht irgendetwas. Er hat ein Thema, das er verfolgt. Er will das da draußen erfassen und begreifen und sich sicher sein, dass er begriffen hat. Er trägt keine Nahrung nach Hause, zumindest keine Nahrung für seinen Körper. Es geht nicht um Menge, sondern um eine Serie. Es geht um Vollständigkeit, ja um Vollkommenheit.

Wieder geht es um Ordnung. Verstehen scheint ordnen zu heißen. Hinzu kommt eine Erwartung. Und zwar die, dass es keine Lücken gibt, dass alles aufeinander aufbaut oder aneinander anschließt, dass alles ordentlich ist. Diese Ordnung muss man erkennen, was aber schwierig ist, denn man sieht sie nicht auf einen Blick. Deswegen muss man ihr Stück für Stück nachgehen. Stück für Stück muss herausgelesen, herausgebrochen und zuhause nachgebaut werden.

Der Vorgang ist ähnlich einer Geburt. Es handelt sich um Entbindung. Etwas wird aus dem Verlauf, aus dem Prozess, aus der Struktur, aus dem Konglomerat entbunden und in eine Vitrine, eine Datenbank, ein Album oder einen Sammelkasten gestellt. Aus dem Gewimmel mit der vermuteten Ordnung wird etwas herausgegriffen. Dieses Stück erfreut den Blick. Und findet man ähnliche Stücke, so wird das Herausgreifen zur Leidenschaft. Man will das vollständige Bild.

Das Nebeneinander des Ähnlichen ist nicht das Nacheinander des Ablaufs. Der natürliche Zusammenhang ist aber vor allem ein Geschehen, ist prozessartig und zeitlich. Verschiedenes greift aufeinander zu und ineinander. Der Zusammenhang der Sammlung ist dagegen ein ganz eigener Zusammenhang, ein gewaltsamer, der der inneren Ordnung des Sammlers folgt. Ein Kasten mit aufgespießten Repräsentanten aller Arten einer Schmetterlingsgattung ist ein vollständiges, aber wirklichkeitsfremdes Bild. Es ist ein totes Bild, das niemals lebensfähig wäre. Diese Ordnung ist keine wirksame Ordnung im natürlichen Zusammenhang.

Lasst uns also entsprechender sammeln! Lasst uns Prozesse sammeln! Euphorisch beginnt eine neue Art des Sammelns. Lasst uns das Gewimmel nachbauen! Jetzt geht es um Relationen. Jetzt geht es um Zahnräder und Mechanismen. Jetzt geht es um die ganze Maschine. Nun werden Ursachen und Wirkungen aus dem Gewimmel herausgegriffen, Korrelationen gebildet. Wie auf Perlenketten werden sie aneinandergereiht oder zu Netzen verflochten: da noch ein Stück und hier eine Lücke. Es gibt aber keine Lücken! - lautet der feste Glaube der Sammler. Ohne diesen Glauben hätte die Sammlung keinen Sinn, hätte das Sammeln keinen Sinn. Fieberhaft wird nach den fehlenden Stücken gesucht, um die Lücken zu schließen.

Im Modell wird eine Vorlage nachgebaut. Dabei ist die Vorlage gar nicht bekannt. Der Maler malt das Porträt einer Unbekannten. Hat man erst das Modell, meint man auch die Vorlage zu besitzen. Das Rätsel scheint gelöst, wenn eine Konstruktion Antwort gibt. Aber wieder sind die Dinge im Schaukasten nach der Ordnung des Sammlers vereint. Und ob die Ordnung da draußen, der vom Sammler erstellten Ordnung entspricht, ist nur eine starke Annahme, über die man sich streiten kann.

Die Sammler streiten über die Welt. Sie werfen sich ihre Sammlungen an den Kopf. Sie streiten miteinander. Sie reden miteinander. Sie lachen miteinander. Sie bilden Gremien. Sie schreiben und unterrichten. Sie verdienen Geld. Sie tauschen Teile ihrer Sammlungen untereinander aus. Sie bilden Theorien, wie man Sammlungen miteinander verbinden könnte oder warum eine Sammlung besser als eine andere sei. Sie schreiben

Geschichten wie es zu Sammlungen kam. Sie verleihen sich Preise.

Die Sammler - erzählen sie noch etwas von der Welt? Hört man ihnen noch zu? Haben sie nicht längst ihre eigene Sammelwelt und Sammlerwelt geschaffen? Auch so kann man sich entfernen. Auch so kann man Mensch werden und die Natur verlassen. Das Sammeln trennt Mensch und Natur, es trennt zugleich aber auch Mensch und Mensch. Sammler und Nicht-Sammler treiben auseinander.

Naturkern

Was nehmen wir mit auf unserem Weg? Welche Möbel des Kinderzimmers stellen wir ins neue Heim? Welche alten Gewohnheiten bleiben uns erhalten? Uns faszinieren Dinge und Geschehnisse, die an das Vergangene, das Hinter-uns-Gelassene, erinnern. Die können wir am einfachsten verstehen. Wir fertigen Zeichnungen und Beschreibungen an, damit wir die Erinnerung nicht verlieren. Auf den Tapeten prangt ein Blumenmuster. Auf den Fensterbänken stehen Orchideen, Kakteen und Birkenfeigen.

Doch unsere Herkunft ist weitaus präsenter als verblassende Erinnerungen, die gestützt werden müssen. Es ist immer noch der Motor von damals, der uns vorantreibt, auch wenn die Aufbauten wechselten. Unabhängig davon, welche Häuser wir bauen, welche Kunstwerke wir auch schaffen, die Verzweiflung, mit der wir an der Welt und an uns selbst hängen, stammt aus unserem Naturanteil. Es ist der alte Auftrag, dem wir auf neue Weise folgen. Wir haben viel erreicht, nachdem wir das Elternhaus verlassen haben: Wir durchschauen in neuer Klarheit die Welt, oder erschaffen ein klareres Bild von der Welt, das seinen Zweck erfüllt. Wir haben Bezeichnungen für die Nebelbänke gefunden, die unser Gemüt beherrschen. Wir haben gelernt, von Trauer, Freude, Wut und Liebe zu sprechen. Wir sind Meister unzähliger Umgangsformen geworden. Wir lieben die Umwege der Kultur, die aber nach wie vor auf die alten Ziele der Natur zusteuern. Mag sein, dass wir heute mit Pralinen und Blumensträußen werben, standesamtlich und kirchlich heiraten, Schicksals- und Liebesromane schreiben und lesen, mit Messer und Gabel essen, unser Leben mit zig Protokollen, Zeremonien und Ritualen aufladen, aber immer noch geht es um essen und schlafen, vögeln und Nachkommen zeugen.

Der Geist produziert immer neue Abstraktionen, seine Leidenschaft sind die Mathematikbücher. Er fließt nur so über vor Symbolen und logischen Verbindungen. Die Variablen ermöglichen den Abstand von den Inhalten und halten die Überlegungen frei vom Schmutz der materiellen Wirklichkeit. Doch keine dieser abstrakten Leistungen würde ohne den Primatenwunsch nach Anerkennung, ohne Neugier, ohne Freude am Spiel, ohne den Wunsch nach Sicherung der eigenen Existenz oder ohne sonst welche produktiven Altlasten realisiert werden. Die Abstraktheit enthält in ihrer Entleerung keine eigenen Motivationen mehr und, obwohl sie vielleicht als Gipfel der Kultur erscheint, ist sie dennoch nichts weiter als ein Werkzeug der Natur. Was, außer den alten Trieben, sollte auch nach ihnen greifen?

Der Geist meint, er sei der Enge des Elternhauses entflohen. Er sei nun frei und könne tun und lassen was er wolle. Und um sich das zu bestätigen, widmet er sich vor allem den alten Grenzen, um sie zu zerbrechen. Die Emanzipation bedarf der Symbole und wie könnte man besser beweisen, dass man die Natur beherrscht, als wenn man ihr Widernatürlichkeit aufzwingt. So beginnt man die innersten Mechanismen zu manipulieren und die eigenen Keime zu verändern. Aber selbst hier sind die alten Triebfedern am Werk. Das neue Wissen, die neuen Techniken, dienen der Verwirklichung alter Wünsche. Um wirklich neu und frei zu sein, müsste der Geist aus den manipulierten Keimen die alten Motivationen entfernen, die überkommenen Verbindungen kappen. Die so geschaffenen neuen Wesen würden in einer Art totalitärer Gesundheit einer Welt gegenüberstehen, an der sie kein Interesse haben. Von den alten fleischverseuchten Geistern zur Freiheit und absoluten Herrschaft bestimmt, würden sie wunschlos sterben, ohne am Leben gehangen zu haben. Sie wären nichts anderes gewesen als lebende Steine.

Unsere alten Seelen halten uns am Leben. Die vernünftige wäre ein nicht lebensfähiges Monstrum, ohne die vegetative und die animale Seele. Wenn wir Pflanzen oder Tiere betrachten, werfen wir einen Blick auf tiefe Menschlichkeit, erfahren wir etwas über unsere Bindung an die Welt.

Kulturgestalt

Robinson Crusoe erleidet Schiffbruch. Er muss fortan allein auf
einer abgeschiedenen Insel überleben. Er hat Angst. Die Natur
sitzt ihm im Nacken. Er glaubt, seine Würde als Mensch wird
ausschließlich von der Kultur garantiert. Sie allein unterscheidet
ihn von den Tieren. Er fürchtet, wenn er die Kultur gehen lässt,
bleibt nur noch das Tier übrig. Unermüdlich wiederholt er daher
immerfort kulturelle Rituale und bittet die Gesellschaft zu Tisch
und zum Gebet. Er liest in der Bibel. Er zieht zum Essen seine
besten Sachen an und achtet penibel auf Tischmanieren. Er und
all die anderen unsichtbaren Begleiter wohnen sich auf dem
verlorenen Eiland ein. Die sozialen Gewohnheiten koordinieren
kein Miteinander mehr, er braucht sie aber, damit sie ihm sagen,
wer er ist.

Robinson malt einen Kalender an die Wand. So hält er Tag,
Monat und Jahr fest, visualisiert seine Bewegung durch die Zeit.
Er bewahrt mit der Heimat Synchronität. Es gelingt ihm, die
vierdimensionale raumzeitliche Ferne zur Heimat wenigstens in
der zeitlichen Dimension auf Null schrumpfen zu lassen.

Schließlich, an einem der vielen Freitage, erscheint ein weiterer
Mensch auf der Insel und damit materialisiert sich die Sozialität,
deren Geister er tagtäglich beschwört. Robinson verwendet
seinen Kalender, diese große Errungenschaft seiner Kultur, um
seinem neuen Gefährten einen Namen zu geben. Er heißt fortan
Freitag und soll mit Robinson all die Spiele englischer Kultur
spielen, die er sonst allein spielte. Allerdings verkörpert Freitag

eine andere Ausprägung von Sozialität und ist nicht bereit, diese aufzugeben. Zwei Menschen, aus ihrer jeweiligen Gesellschaft herausgebrochen, Träger einer je anderen Kultur, müssen miteinander auskommen. Ein Streit bricht los. Werte stehen gegen Werte. Die Geister um Robinson und die Geister um Freitag stehen sich unversöhnlich gegenüber. Es ist ein Kampf der Identitäten.

Die Kultur, das sind zunächst die anderen. Wir wollen zu ihnen gehören und wie sie werden. Wir stülpen uns ihre Identitäten über und werden selbst zu einem Konglomerat oder Geröll aus anderen. Robinson hat die einmalige Chance, sich den anderen zu entziehen. Er könnte in den Schoß der Natur zurückkehren. All die Grimassen schneiden, die ihm früher verwehrt waren. Niemand außer ihm selbst wäre da, um es zu missbilligen. Das würde bedeuten, er könnte nach und nach erlernte Rollen aufgeben, Steine aus dem Persönlichkeitsgeröll herausklauben und für immer wegwerfen, eine große Reduktion vornehmen. Was bliebe übrig? Eine Fress- und Ausscheidungsmaschine, ein Stück Fleisch, angepflockt an die Gegenwart, getrieben von Moment zu Moment? Welches Tier wäre der Mensch? Sind wir ohne Kultur wirklich so erbarmungswürdig wenig?

Wir sind wachsweich in den Händen der Umwelt - eine leere Tafel, begierig, beschrieben zu werden. Unser Gehirn ist formbar, anpassungsfähig, gemacht, sich in verschiedenste Welten und Sozialitäten einzufinden. Wir können wie Wölfe werden, wie Hunde, wie Affen. Aber ohne die Schrift der Umwelt sterben wir. Friedrich der Staufer, ein großer Herrscher voller wissenschaftlicher Neugier, ließ Säuglinge stillen, verwehrte aber sonst jeden weiteren Kontakt mit anderen Lebewesen. Er wollte die menschliche Ursprache finden. Alle starben. Volle Mägen sind nicht genug, wenn das Gehirn leer bleibt und keine Zuneigung anzeigt, dass man willkommen ist.

Weil wir am Beginn so leer sind, sind wir vornehmlich aus Kultur erbaut. Würden wir unter Wölfen groß werden, würden wir das Wolfsein erwerben und es zu unserer Kultur machen. Robinson hat Recht. Die Kultur fahren zu lassen, heißt nichts zu gewinnen. Die Natur ist kein Schoß, in den man zurückkehren könnte.

Robinson sitzt mit den Geistern der anderen zu Tisch. Er verflucht Freitag und seine Engstirnigkeit. Der ist bloß ein Wilder, ein verdammter Heide. Die Geister stimmen ihm zu und lachen über den Unverstand und den Aberglauben Freitags und der ihn umgebenden Geister. Robinson sieht in die blassen, transparenten Gesichter. Er denkt an seinen dickköpfigen Gefährten, erinnert sich wie er spricht und atmet. Er erkennt, dass sie beide denselben Ängsten trotzen und gemeinsam die Zukunft besser bewältigen können. Das Gute an der Wirklichkeit ist, dass sie unserer Einbildungskraft Grenzen setzt, und dass, wer Lebende um sich hat, die Toten fahren lassen kann. Robinson verlässt den Tisch und geht Freitag suchen.

Gefühl

Wir dürfen eins nicht vergessen, wenn wir über uns und die Welt reden. Wir sind nicht immer bei klarem Verstand. Manchmal geht das Herz und die Leidenschaft mit uns durch. Hinzu kommt, dass die Gefühle unser Dasein mit wechselnden aber alles definierenden Grundtönen durchziehen. Eigentlich sind wir niemals ganz nüchtern.

Wir sind rührselig. Wir sind emotional gebunden. Wir verlieben uns in Details. Wir lieben einen Hund. Wir weinen, weil ein Hamster stirbt. Wir kommen den Dingen zu nah. Auch wenn wir versuchen, die Augen zu schließen, indem wir sie ganz weit aufsperren, indem wir wissenschaftlich und objektiv, eben vernünftig, vorgehen – wir sehen immer noch zuviel mit dem Herzen. Wir lieben die Welt. Da ist Freude an der Existenz. Was für ein Verwirrspiel! Was für eine Wahrheit! Eine Melodie spielt in unserem Innern, erklingt in Harmonie mit der Symphonie um uns herum. Wie kitschig! Wie schön! Bleibt uns fern mit dem grauen Mantel, den ihr über alles legen wollt!

Wir schwingen durch den Saal, getragen von Musik. Wir folgen einer ausschweifenden Linie, haben das Hier aufgegeben und erfüllen den Raum weiter und auf andere Weise als sonst. Wir tanzen miteinander. Das Ich, um das wir uns sonst so bemühen, ist kein Problem mehr. Keine Frage stellt sich, sondern in einem großen Ja wird das Spiel aufgenommen. Der Ernst ist ein leichter Ernst. Am Leben hängt nicht viel, auch wenn es alles ist. Die Sehnsüchte lechzen nicht wie in einem Strahlenkranz in alle

Richtungen, sondern umarmen einander in zurückgebundenen Schleifen. Wir entdecken uns selbst und sind sprachlos, um uns nicht wieder zu verlieren.

Was gehen uns die wissenschaftlichen Sekten an! Was liegt uns an den Bruderschaften ökonomischer Rationalität! Die Liebe bleibt unreduzierbar. Der Leib bleibt unreduzierbar ein Leib. Wir sind viel inniger Weltbürger als uns die Ideologien der Globalisierung weismachen wollen. Wir hängen an dieser Welt. Wir hängen an den Tieren und Pflanzen. Lüg nicht, Verstand, sei einmal ehrlich! Der ganze Mensch will die ganze Welt.

Suchen und Finden

Ein Haus ist nichts anderes als eine Tasche, in der man wohnt. Es dient zur Aufbewahrung verschiedenster Habseligkeiten. Es schützt sie vor Wind und Wetter und auch davor in alle Winde zerstreut zu werden. Dass man selbst auch noch Platz darin findet, ist ein Surplus, ein Bonus, ein Überschuss. Die Konzentration und Aufbewahrung der Habseligkeiten ist das Entscheidende. Man soll das nicht falsch verstehen. Die Habseligkeiten sind mehr als nur Werkzeuge, die zur Verfügung stehen, wenn man sie braucht, sie sind mehr als das Vermögen, materielle Bedürfnisse zu befriedigen. Sie halten die Psyche zusammen. Was für eine unausgegorene Alternative, die von Sein und Haben. Sein, als Autonomie, als innerer Reichtum, Haben als Oberflächlichkeit, Abhängigkeit von den Dingen. Jeder, der er selbst sein will, muss angeblich das Sein wählen und das Haben abstoßen, muss in sich die Quelle finden. Haben soll Schein sein, Sein ist wahres Sein. In Wirklichkeit ist Sein aber gar nichts. Sein ist kalt, ist ohne Beziehung. Sein ist stumm. Da ist etwas, na und? Was ist da? Was bedeutet es? In welcher Beziehung steht es zu mir, zu anderen? Wie wandelt es sich in den verschiedenen Kontexten? Wie verstehe ich es? Wie habe ich es? Wie hat es mich?

Das Bewusstsein, die Summe der Gedanken, das Geistige, wird schnell krank, wenn es keinen Halt an der Materie hat. Alles ist denkbar, selbst das Widersprüchliche. Die Fantasie, die trotz Anhalt an der materiellen Wirklichkeit monströse Züge annehmen kann, kann, wenn Sie diesen Anhalt verliert, endgültig zur alles verschlingenden Bestie werden. Die Gedanken sind frei, alles ist denkbar. Ohne festen Anhalt würde die Psyche auseinanderfliegen. Ja, sie hätte wohl nie Form angenommen. Sie hätte sich wohl nie gebildet. Die Bandbreite des Bewusstseins ist gering, es handelt sich um eine Schmalbandschleife, nicht viel mehr als ein kleines Knäuel aus Bindfäden. Ineinander geschlungen, ineinander schlingend, immer wieder die eigene Spur verlierend, Orientierung suchend, aber in der Eigenbewegung immer wieder diese Orientierung verlierend - das ist das Bewusstsein.

Was es braucht sind Ablagemöglichkeiten, Habseligkeiten. Über die Sprache legt es Inhalte in die Kultur, bewahrt sie in anderen Psychen auf, schreibt sie nieder, um sie später wieder zu lesen, aufzunehmen. Es knüpft Erinnerungen an Dinge und so halten die Dinge seine Identität ein Stück weit fest. Es sammelt Dinge um sich, um sich selbst wiederzufinden. Es schafft sich eine Heimstatt, einen Behälter, in dem es all die stützenden Dinge sammelt, um sich schart, um dadurch selbst ein Stück Festigkeit zu gewinnen. Die Habseligkeiten halten das Bewusstsein als ein bestimmtes Bewusstsein aufrecht. Die Habseligkeiten bestimmen das Bewusstsein und geben ihm Persönlichkeit.

Es sei nochmals gesagt: Es ist nicht der Reichtum, es sind nicht die Prestigeobjekte, es geht nicht um die Pracht, es geht um den Anhalt an der Welt. Es geht darum, dass die Welt wiederkehrende Strukturen haben muss, dass die Welt sich ähnlich bleibt, dass sie sich wandelt in kleinen Schritten, denen das kleine Fadenknäuel folgen kann. Es geht darum, dass die Materie beharrt und in ihrem Beharren, dem Bewusstsein Beharren ermöglicht. Jag einen Menschen um den Erdball, treibe ihn von einem Dorf in das nächste, von einer Sprache in die nächste, einer Kultur in die nächste, einem Klima, einem Glauben in den nächsten, lass ihm keine Ruhe, reiß in weg, bevor er sich auch nur ein Stück weit eingewöhnen könnte und du wirst sehen, wie sein Bewusstsein sich in alle Himmelsrichtungen zerstreut, wie ihm als einziger Sinn nur noch der Wahnsinn bleibt.

Der Körper ist ein Haus, ist eine Tasche, eine Habseligkeit. Das Bewusstsein hat an ihm Anhalt, findet durch ihn einen Ort in der Welt, eine Perspektive auf die Welt. Das Gehirn, das neuronale System, ist das universale Ablagefach, der Speicher, das

Spurenkabinett. So unerklärlich der Zusammenhang zwischen Geist und Gehirn auch sein mag, auch wenn mancher noch nicht sicher ist, ob das Gehirn wirklich den Geist erschafft, so kann man doch sicher sein, dass das Gehirn den Geist festhält, ihm Halt bietet.

Es sind Kontingenzen am Werk. Man begegnet den Habseligkeiten mehr oder weniger zufällig und wird von ihnen angestoßen, in eine bestimmte Richtung zu denken. Sie regen Assoziationen an, machen auf etwas aufmerksam, stellen Fragen. So wie in den Tiefen des Gehirns die vielen unhörbaren Stimmen dem Bewusstsein etwas zurufen, so rufen auch die Habseligkeiten dem Bewusstsein zu. Der Geist wird externalisiert, materialisiert. Die Struktur des Hauses bestimmt zum Teil die Struktur des Denkens. Es ist entscheidend, welche Bücher man liest, welche Filme man sieht, in welche Vasen welche Blumen gestellt werden. Verschönern Pflanzen das Haus? Ist das Mobiliar dunkel oder hell, antik oder modern? Gibt es große Räume oder nur Abstellkammern? Welche Musik liegt verschlüsselt in den CDs? Welcher Welt setzt man sich aus? In welchen Straßen geht man spazieren, welche Wälder werden durchwandert? Welche Speisen nimmt man zu sich? All dies und alles andere solcher Art bestimmt das Denken ein Stück weit mit.

Er hat einen Zettel verloren, auf dem ein Name und eine Telefonnummer geschrieben stehen. Nun stellt er das Haus auf den Kopf. Bringt alles in Unordnung. Die auf dem verlegten Zettel abgelegte Information bedeutet eine Gelegenheit, vielleicht sogar eine kleine Verheißung. Am Ende eines netten Gesprächs schrieb sie ihre Telefonnummer auf und gab ihm diesen Zettel, den er nun verzweifelt sucht. Er hat den Faden verloren und versucht ihn nun wieder aufzunehmen. Das Haus bewahrt irgendwo im Innern diese Spur auf. Ein Haus verliert nichts, aber es hat viele Winkel und Nischen. Der Weg zu den Habseligkeiten kann manchmal schwierig zu finden sein.

Ein Haus verliert nichts, heißt es. Allerdings kann es manchmal sehr lange dauern, bis etwas wieder aufgefunden wird. Ein Haus auf den Kopf stellen, heißt, alles in Unordnung bringen, in der Tasche herumwühlen, um eine bestimmte Habseligkeit wiederzufinden. Die Habseligkeiten bieten Halt und lösen dadurch ein Problem. Ein neues Problem entsteht, die

Habseligkeiten müssen geordnet werden, was nichts anderes sagen will, als dass Suchzeiten verkürzt und die Findequote erhöht werden müssen. Die Materialität bietet Halt, aber ihre Unbeweglichkeit, die Tatsache, dass relativ viel Energie aufgewandt werden muss, um umzuschichten, umzuorganisieren, verursacht einem den entsprechenden Aufwand. Das Bewusstsein muss seine geringe Bandbreite darauf verwenden, um zu suchen.

Etwas zu suchen, das man verloren hat, ist etwas ganz anderes, als etwas zu suchen, das man noch nie besaß. Dahinter liegt der Unterschied von Erinnerung und Kreativität. Suchen bedeutet, nach etwas zu streben. Das Ziel der Suche kann unterschiedlich klar vor Augen liegen, der Erfolg der Suche unterschiedlich gewiss sein. Der verlorene Zettel ist ein klares Ziel der Suche, der Sucher hatte ihn schon in Händen, das Finden ist gewiss, denn ein Haus verliert nichts. Das andere Extrem ist das diffuse Gefühl eines Mangels, das eine ebensolche diffuse Suche anstößt. Das Ziel ist verschwommen, nicht einmal Konturen sind zu erkennen. Der Ausgang der Suche ist mehr als ungewiss. Dazwischen liegt die Suche nach etwas Konkretem, dessen Gattung man schon einmal begegnet ist. Das ist die Situation des Pilzsuchers.

Pilzsucher

Er weiß, wie Pfifferlinge aussehen, er weiß, an welchen Plätzen, in welchen Konstellationen der Welt, diese Pilze auftauchen. Er hat sie schon einmal gekostet. Das Ganze setzt ein Verständnis der Welt voraus. Der Pilzsammler muss Einblick in Zusammenhänge haben. Er hat Erfahrungen, die Erwartungen verursachen. Der Erfolg der Suche ist keineswegs gewiss. Selbst die günstigsten Plätze, an denen sonst immer Pfifferlinge wuchsen, bieten keine Erfolgsgarantie. In der verstümmelten Natur, in der Physik der toten Dinge, in der verkrüppelten Situation eines Experiments, da mögen sich unerbittliche Naturgesetze zeigen. Aber in der wirklichen Welt, da überlagert Kontingenz jedes Gesetz. Die Welt außerhalb des Labors ist immer geschichtlich und niemals kontrolliertes Experiment. Je intuitiver, je unausgesprochener die leitenden Erwartungen des Pilzsammlers sind, umso eher kann man vom Verstehen der Welt sprechen.

Wer schon lange Pilze erfolgreich suchen geht, nimmt, wenn er in den Wald geht, eine bestimmte Haltung ein. Er stellt sich auf sein Vorhaben ein. Seinem Blick integriert sich eine besondere Aufmerksamkeitsstruktur. Das, was ihm die Suche erleichtert, nimmt in seiner Wahrnehmung die vordersten Plätze ein. Seine Sinne erarbeiten noch vor dem begrifflichen Erfassen eine Gestaltung der Wahrnehmung, die ihn den Wald durchschauen lässt. Der Wald wird ein offenes Buch und die Stellen, an denen Pilze wachsen, sind mit Leuchtstift markiert. In seinem Inneren wandelt sich der Mensch und verwandelt dadurch die

Sinnstrukturen der Welt. Der Familienvater, die Mutter, der Saufkumpan, die Geliebte, der Polizist, der Pfarrer, die Tochter, der Weiberheld und der gebrechliche alte Mann werden zum Pilzsucher und der Wald wird zum Pilzreservoir voller versteckter und ihm offenbar werdender Hinweise. Der Pilzsucher versteht auf seine Weise den Wald. Der Wald ist nicht stumm. Er spricht die Sprache, die das Verstehen des Pilzsuchers ihm verleiht. Er verleiht dem Wald eine Stimme, ohne dass es wahr wäre, dass er den Wald sprechen lässt wie eine Bauchrednerpuppe. Der Wald spricht mit geliehener Stimme. Das Objekt spricht mit aus dem Subjekt stammenden Mitteln in das Subjekt hinein.

Könnte all das ein Irrtum sein, gewiss ein glücklicher Irrtum, denn die Pilze werden gefunden, aber ein Irrtum, ein Missverständnis? Ein Missverständnis könnte es geben, wenn der Wald etwas Bestimmtes ausdrücken möchte, eine Kommunikationsabsicht verfolgte. Doch das tut er nicht. Sein An-sich-Sein bleibt unberührt, denn kein Verstehen rührt an das nackte Sein. Der Wald wird auf eine bestimmte Weise aufgefasst. Spuren werden sichtbar. Das ist das Geschäft der Wahrnehmung. Der Wald gerät in eine Perspektive. Diese Perspektive ermöglicht einen erfolgreichen Umgang mit dem Wald und dieser Erfolg ist das Indiz erfolgreichen Verstehens.

Der Pilzsammler hat nun allen Willkürlichkeiten das Tor geöffnet. Er ging in den Wald, um Pilze zu suchen und hinter ihm marschieren der Förster, der Jäger, der Flüchtende, das Liebespaar, der Straßenbauer, der Industrielle, der Ökonom. Hintereinander laufen sie, treten in die Spuren des jeweils Vorauslaufenden. Genauso wie ein Trupp Indianer in den Geschichten von Karl May das täte, um den Feinden die eigene Zahl zu verbergen. Alle verfolgen exakt dieselbe Bahn, aber sie laufen durch unterschiedliche Wälder, denn jeder versteht den Wald anders und da das Sein des Waldes nicht berührt wird (wie könnte es auch durch bloßes Erkennen berührt werden?) und jedes dieser Verstehen irgendwie erfolgreich ist, hat jeder von ihnen den Wald richtig verstanden. Würde jemand mit Blinddarmdurchbruch in den Wald gehen, um operiert zu werden, das wäre ein Missverständnis. Würde jemand in den Wald gehen, um ein Auto zu kaufen, das wäre eine verfehlte Auffassung. Würde jemand meinen, Holz wäre weich wie Watte, dem könnte geholfen werden.

Und dennoch, auch zwischen den erfolgreichen Auffassungen gibt es Unterschiede. Es sind Unterschiede in der Deutlichkeit, in der die Objekte sich zeigen. Es gibt Grade der Überformung durch menschliche und kulturelle Perspektiven. Es gibt Variationen in der Lautstärke, mit der soziale Stimmen dazwischenreden. Die Objektivität, das heißt die Objektnähe des Verstehens, die als absolute nie erreicht werden kann, ist abhängig vom möglichst weitgehenden Ausblenden fremder subjektiver Stimmen und dem Erkennen der Anteile eigener Subjektivität. Ergebnis ist kein von Subjektivität gereinigtes Objekt. Diese unauflösliche Synthese, die in der Wahrnehmung entsteht, kann nicht analysiert und zerlegt werden. Das Betrachtete ist nie frei vom Betrachtetenden. Es geht immer um eine Spur, die im Spurenleser entsteht.

Aber vielleicht ist die Forderung nach größtmöglicher Objektnähe auch wieder nur ein blindmachender Extremismus. Man verachte nicht die Erkenntnisse, die durch Missverständnisse entstehen! Wer sich an das Flüsterspiel "Stille Post" erinnert, das er als Kind spielte, der weiß, wie produktiv und unterhaltend das Missverstehen sein kann. Die Kreativität des Hörenden ergänzt die kaum vernehmbare, eingeflüsterte Botschaft, diese lückenhaft aufgefasste Sendung, durch von ihm hinzugefügte Stücke zu einem Sinnhaften. Der so neu entstandene Text wird ebenso fehlerbedroht weitergegeben. Durch diesen stolpernden Übergang, multipliziert mit der Zahl der Hörenden und Ergänzenden, steht am Ende der Kommunikationskette eine ganz andere Botschaft als zu deren Anfang. Erinnert euch an das Gelächter und die kindliche Freude, wenn die zu Beginn eingespeiste und am Ende der Kette ausgespuckte Botschaft miteinander verglichen werden.

Jeder Übertragung von Sender zu Empfänger ist den Gefahren der stillen Post ausgesetzt. Selbst wenn die ausgesprochenen Laute vollständig das Ohr des Empfängers erreichen, so kann der Sinn immer noch anders aufgefasst werden, als dieser vom Sender intendiert war. Manche meinen, dass solch eine Übertragung niemals perfekt vonstatten geht, dass niemals das Intendierte im Empfänger zu hundert Prozent entsteht, jede Übertragung auch eine Abweichung enthält. Ein beunruhigender, vielleicht aber auch schöner und tröstender Gedanke. Eine Behauptung jedenfalls, die wohl niemals überprüfbar sein wird, da niemals das Innere der beiden Kommunikationspartner für einen Dritten sichtbar gemacht und einer Äquivalenzprüfung unterzogen werden kann. Was für die Übertragung von Zeichen bei der Kommunikation gilt, gilt in ähnlicher Weise für das Lesen von Spuren. Auch wenn bei diesen keine Kommunikationsabsicht durch einen Sender verfolgt wird, erkennen manche vielleicht Spuren, wo die meisten anderen keine erkennen würden.

Missverständnisse sind produktiv. Sie lassen neuen Sinn entstehen. Wenn der Hörende die Botschaft der stillen Post ergänzt, so setzt er nicht zufällige Buchstabenfolgen oder irgendwelche Worte ein. Er vervollständigt die Lücken nicht zu einem Gebrabbel. Er ist bemüht, Sinnvolles entstehen zu lassen, etwas, das eine Chance hat, das zu sein, was er hätte hören sollen. Da in diesem Moment seine Vorlage allein die geflüsterten Worte sind, hat er auch keinen anderen Anhalt als diese, um den intendierten Sinn zu erraten.

Wie ist das nun mit dem Wald und den kulturellen Auffassungen von ihm? Die kulturelle Überformung kann einen Sinn entstehen lassen, der sich weit vom Objektkern entfernt hat. Das Reh kann zum lieben Bambi werden, der Fuchs zum verschlagenen und hinterlistigen Gesellen, der Wolf zur kinderreißenden Bestie. Dem Wald selbst kann ein Menschenkleid übergezogen, er kann personifiziert werden. Doch warum nicht so verfahren? Vielleicht können wir aus diesen Überformungen etwas lernen. Der entstandene Sinn mag weit vom Objekt entfernt sein, er ist aber umso näher an unserem Verstehen. Und ist das Objekt wirklich von der kulturellen Überformung gänzlich verschlungen worden? Es ist als wahrer Kern vielleicht ein gutes Stück weit verschüttet, aber dennoch darin enthalten. Es bleibt als Kristallisationspunkt Gelegenheitsursache des so entstandenen Sinns.

Unter den Nadeln der Kiefernstreu schimmert etwas Gelbliches. Der Pilzsammler erkennt diesen Hinweis und streicht die Nadeln beiseite. Und wirklich, da ist ein Pfifferling und in der Nähe sieht er auch schon weitere Exemplare. Sein Korb ist an diesem Tag bald gefüllt. Zufrieden verlässt er den Wald, der ihm zum Abschied ein freundliches Rauschen schenkt. Er bedankt sich beim Wald für die Pilze. Vielleicht formuliert er seinen Dank in seinen Gedanken, vielleicht spricht er ihn aus, vielleicht verspürt er ihn nur. Von einer bestimmten Warte aus gesehen, hat er den Wald missverstanden. Der Purist, der das Objekt sucht, schüttelt den Kopf. Ein Hirngespinst ist entstanden, ein kindliches Seelchen hat geträumt. So ist der Wald nicht. Der Wald, den der Purist als den wirklichen bezeichnet, ist stumm und gleichgültig gegenüber dem Pilzsucher. Der Purist führt ein verarmtes Leben. Niemals wird er mit dem Wald sprechen, niemals wird er ihm dankbar sein. Niemals wird er erkennen, dass das Gefühl der Dankbarkeit eine Erkenntnis ist, die ohne Worte genauestens ein Verhältnis, eine Beziehung, einen Zusammenhang wiedergibt.

Das Problem ist nicht, Erkenntnisse zu gewinnen. Diese sind schnell erfunden oder gefunden. Das entscheidende Problem ist, wie man mit dieser Überfülle an Erkenntnissen umgeht, diesem Strauß aus Bildern, die aus den verschiedensten Perspektiven aufgenommen wurden. Willst du dich einfach für eine Perspektive entscheiden und alle anderen ausblenden? Bist du Naturwissenschaftler oder Ökonom? Dann findest du sicher auch schnell Gründe, warum deine Perspektive die einzig richtige ist, die, die am nächsten an der rauen Wirklichkeit liegt. Du brauchst diese Gründe gar nicht zu nennen. Wir hören sie ständig. Wir haben diese Begründungen schon so oft vernommen, dass wir sie sogar am leichtesten verstehen. Deine Perspektive hat unser Verständnis von der Welt, und natürlich auch vom Wald, längst geformt, so dass sie uns als die ursprünglichste erscheint und alle anderen als aufgesetzte, romantische, kindliche, esoterisch-verkorkste, geisteswissenschaftlich verblödete, religiös verbrämte. Doch wie sachlich ist deine Welt, wie kalt, so voller Zusammenhänge aber ohne Beziehungen, so voller Transaktionen, aber ohne Werte, so voller Gesetze, aber ohne Geschichten.

Und dennoch, niemand verwehrt uns, aus jeder Tiefe des Brunnens zu schöpfen, helle und dunkle Wasser an die Oberfläche zu bringen, aber niemals dürfen wir vergessen, welches Wasser wir gerade trinken, welche Bilder wir welcher Droge verdanken. Wir lassen jeden Sinn zu, halten uns aber von Unsinn fern. Wir wollen den Wald auf die verschiedensten Weisen verstehen, aber uns nicht von Fantasien täuschen lassen, die keinen Anhalt an den Objekten haben, die ohne Kristallisationskern auskommen, die sich von den Sinnesempfindungen gelöst haben. Und im Gegensatz zur stillen

Post, bei der die Worte nicht nur die Botschaft, sondern auch Gegenstand der Botschaft waren, ist der Wald als Gelegenheitsursache aller sinnvollen Bezüge, die ihn einschließen oder berühren, eine Schnittmenge oder Schnittstelle der unterschiedlichen Perspektiven. Trotz aller Unvergleichbarkeit der Perspektiven und deren unterschiedlichem Abstand zu ihrem Objektkern, kehrt der Objektkern jedes Mal wieder, ist er ein Fluchtpunkt, ein Aufhängehaken, ein gemeinsamer Anstoß oder Anteil des Anstoßes. Alle Perspektiven beleuchten mit ihrem vielfarbigen Licht, das bunte Flecken auf den Objektkern malt, ihm Oberflächenstrukturen verleiht, die er ohne sie nicht hätte, das gleiche widerständige Material. Es scheint, als hätten die so geschaffenen Wälder nichts miteinander zu tun, ja, als seien manche dieser vielen Bilder nicht einmal Bilder von Wäldern, aber das Wissen, dass sie sich am selben Widerstand abmühen, bringt sie zusammen. Und wir rufen unsere Joker herbei, damit sie zwischen den Bilder vermitteln und in ihrem vielstimmigen Chor ertönt eine Rhythmik, eine Harmonie, eine Schwingung, ein koordiniertes Gemurmel, eine gegenseitige Handreichung. Es entsteht ein Unaussprechliches, Unschaubares und Undenkbares, das Geometral aller Wälder, das, was alles enthält, was sich nur irgendwie sinnvoll über den Objektkern Wald sagen lässt.

Der Pilzsammler kehrt immer wieder an dieselben Stellen zurück. Es gibt gute und schlechte Sammelplätze. Nur wirklich guten Freunden, und vielleicht nicht einmal denen, erzählt er, wo die Pilze immer wieder gehäuft aus dem Boden schießen. Das Wissen um die guten Plätze ist der eigentliche Schatz des Sammlers. Nur wer die Quellen kennt und zu ihnen zurückkehren kann, hat wirklich genug, um seinen Durst auf Dauer zu stillen. Der Wald ist gegliedert in große, dunkle Durchgangsbereiche und helle Inseln voller Pilze. Der Wald, das ist vor allem der Boden, aus dem die Fruchtkörper der Pilze hervorwachsen. Ein Raum voller Pilzfarben und Pilzgerüche und vagen, verdeckten, kaum erfassten anderen Formen, Farben, Gerüchen und Geräuschen. Das, was in anderen Sinnbezügen in aller Klarheit im Fokus der Aufmerksamkeit erscheinen würde, ist hier zu einem Hintergrundrauschen zusammengesunken.

Der Wald ist gegliedert in unterschiedliche Erwartungsfelder. In manchen Bereichen erwartet der Sammler keine Pilze, in manchen schon. Er ist ein Wiedergänger, der von jenseits des

Waldes wiederkehrt, um ein noch nicht abgeschlossenes Vorhaben zu beenden. Er wird immer wieder immer neue Pilze sammeln kommen. Die Erwartungen sind Kernstruktur seines Verstehens des Waldes. Die Erwartungen gliedern räumlich und zeitlich. Feucht-warme Witterung ist für das Pilzwachstum günstig, Trockenheit verhindert das Keimen der Sporen und lässt das Myzel erstarren. Es gibt Pilzplätze und Pilzzeiten. Die Erwartungen sind nicht unfehlbar. Sie werden enttäuscht, manchmal werden sie übertroffen. An Stellen und zu Zeiten da nichts erwartet wird, ist dennoch plötzlich ein Pfifferling zu finden. Ein Geheimnis des Verstehens ist, das es ein totes Spiel wäre und sein eigentliches Ziel verfehlen würde, wenn es unfehlbar wäre, wenn das Objekt des Verstehens vollkommen verstanden wäre.

Der Wald wird niemals endgültig erfasst, egal wie viele Sinnbezüge wir ihm anlegen. Der widerständige Objektkern wird immer nur unzulänglich erreicht. Die Tatsache, dass er seine Widerständigkeit innerhalb einer erfolgreichen Perspektive bewahrt, zeigt an, dass das Verstehen unabgeschlossen bleibt. Der Sammler wird immer neue Plätze finden. Die alten werden unfruchtbar, neue füllen den Korb. Wir verstehen und verstehen auch, dass wir einiges noch nicht verstanden haben. Wir tauschen die Haltungen und betrachten verschiedene Bilder, betasten den Widerstand von so vielen Seiten wie möglich, ohne aber jemals alle Seiten berühren zu können.

Aber hier wird zuviel gesagt. So groß ist unser Forscherdrang gar nicht, so viel wollen wir gar nicht vom Wald verstehen. Die Zahl unsere Sinnbezüge ist endlich und wir halten inne, wenn eine ausreichende Anzahl uns einen zufriedenstellenden Umgang ermöglicht. Wir gehen in den Wald, um Pilze zu suchen oder spazieren zu gehen und damit basta. Die Welt ist übergroß und wir haben uns nicht nur mit dem Wald zu beschäftigen. Wir müssen mit den Kräften haushalten und es reicht, wenn wir uns kleine Lichtungen schaffen, in denen wir jeweils einen Teil der Welt übersehen und verstehen können. Wir brauchen nur eine endliche, aber ausreichende Anzahl von guten Plätzen in der Welt, so dass wir unsere Körbe füllen können und genug zu essen haben, um ein paar Jahre alt zu werden.

Die unterschiedlichen Verstehensweisen sind unterschiedlich erfolgreich. Sie bereichern oder verarmen unser Leben. Sie erhalten unsere Lebensgrundlagen oder sägen an dem Ast, auf dem wir sitzen. Die Verstehensweisen liegen nicht unverbunden nebeneinander. Sie sind alle der Widerständigkeit der Objektwelt, aber auch der Widerständigkeit des eigenen Ichs ausgesetzt. Zwischen allen Verstehensweisen walten die Joker und mühen sich ab, dem Objekt und dem Subjekt gerecht zu werden. Sie schummeln, sie betrügen, sie fantasieren. Seien wir ihnen nicht böse, denn ihre Aufgabe ist eine unmögliche. Alles ist erlaubt im Kampf um Kohärenz. Wir müssen die Augen ein Stück weit schließen, um zu lieben. Wir müssen über manches hinwegsehen und manches hinzudichten, nur so wird Liebe möglich. Die Liebe macht es möglich. Sie bringt Kohärenz in das Unkohärente, auf Biegen und Brechen. Wollen wir die Liebe abschaffen, nur um der Wahrheit willen? Lieber eine Welt ohne Wahrheit, als eine ohne Liebe.

Spaziergänger

In der heutigen Zeit ist das Technische das Bekannte. Wie ein Auge funktioniert, erklärt man am besten am Beispiel einer Kamera, nicht umgekehrt. Nehmen wir daher als Ansatzpunkt, um den Spaziergänger im Wald zu beschreiben, sein techniknutzendes Analogon, den, der daheim vor dem Fernseher sitzt und in die Mattscheibe starrt. Beide folgen einem Unterhaltungsprogramm, beide sind in ihren Bezügen auf die Umgebung passiv.

Sofort regt sich Widerspruch. Der Spaziergänger ist doch aktiv, bewegt sich. Der Zuschauer daheim vor dem Apparat, ja, der sitzt nur in sich zusammengesunken herum. Er ist nicht das Zentrum. Das Zentrum ist der Bildschirm. Der Fernseher ist das schwarze Loch des Wohnzimmers, der, auf den alle anderen Gegenstände und Möbel, aber auch die Insassen dieses freiwillig aufgesuchten Gefängnisses ausgerichtet sind. Der Spaziergänger bleibt dagegen zu einem gewissen Teil Zentrum. Er bleibt zum Teil im Fokus seiner Aufmerksamkeit, denn der Körper soll nicht stolpern und muss den Weg entlanggeführt werden. Im Zentrum zu stehen, bedeutet auch immer, einer Spannung ausgesetzt zu sein. Ein Aufwand muss getrieben werden. Sich zu orientieren heißt, die Fäden, die um einen herumliegen, aufzuklauben, sie in die Hand zu nehmen, festzuhalten und zu ordnen. Im Zentrum zu stehen heißt, die Ordnungen nicht einfach fließen zu lassen, sondern sie auf sich selbst hin zu beugen. Im Zentrum zu stehen heißt meist aber auch, das Zentrum zu verlassen: Um sich selbst zu dienen, muss in der Umgebung etwas gestaltet und manipuliert werden.

Der Fron am Ich bedeutet Arbeit in der Welt zu verrichten. Absichten, die in ihren Gründen und Motivationen im Ich ruhen, engagieren die zur Verfügung stehenden Kräfte, die die Umwelt verändern und so wendet sich die Aufmerksamkeit der Umwelt zu.

Dehnen wir das Bild, dehnen wir den Fernsehbildschirm, ziehen wir ihn uns über den Kopf, um uns herum, sodass wir in einer Kugel stehen, einer Bildschirmkugel, die um uns herumläuft. Würde das die Position des Spaziergängers im Wald darstellen? Er steht dem Bild, das sich um ihn herum bietet, passiv gegenüber. Mag sein, dass er in ihm auf und ab geht, die Bildschirmkugel mit sich ziehend, ständig die relativen Abstände wahrend, aber er will nicht eingreifen, in das, was er um sich herum wahrnimmt. Die Aufmerksamkeit zerstreut sich über den Schirm.

In den Fernsehsendungen ist alles voller fremder Absicht. Die Bilder folgen nicht zufällig aufeinander, sondern die Autoren und Hersteller der Bilder wollen mit ihnen etwas sagen. Die Vase mit dem Riss auf dem Tisch, zeigt den Riss in der familiären Idylle. Die Hintergrundmusik diktiert die Stimmung. Das Gelächter aus dem Off markiert die lustige Pointe in der Sitcom. Alles ist voller Zeichen. Irgendjemand will etwas übertragen, etwas kommunizieren. Der Apparat ist in Bezug auf den Zuschauer ein permanenter Sender und der Zuschauer ist ein permanenter Empfänger. Die Zuschauer sind den Fernsehautoren bekannt, viele Studien haben ihre Merkmale erfasst. So können sie ihre Botschaften und Darstellungen ausrichten und justieren. Der Wald ist dagegen nicht auf den Spaziergänger gerichtet, er verfolgt keine manipulierende Absicht. Er will nicht zerstreuen oder belehren, belustigen oder Trauer hervorrufen. Er will nichts, kann nichts wollen. - Und auch der Spaziergänger will nicht viel. Er will die Fäden schießen lassen. Er will loslassen. Er will die Aufmerksamkeit zerstreuen, auf ein Minimum reduzieren, auf gerade so viel, dass er nicht stolpert. Selbst vor möglichen Spuren verschließt er seine Augen.

Der Spaziergänger ist auf ein diffuses Empfangen eingestellt. Anders als im Gespräch oder anderen Formen der Kommunikation, ist er nicht Opfer oder Ziel einer fremden

Absicht. Sein Empfangen ist in diesem Sinne ein freies und Fokussierung vermeidendes Empfangen. Es gibt niemanden, der ihn mit für ihn bestimmten Sendungen manipulieren möchte. Er schöpft absichtslos aus dem ziellos Gegebenen, das kein hinterlistig Ihm-in-die-Hände-Gelegtes ist.

Verweilen wir ein wenig bei diesem Gegebenen. Das absichtslos Gegebene ist das objektiv Gegebene. Objektivität in diesem ursprünglichen Sinne ist das Fehlen einer fremden Absicht, die das Objekt als Mittel einer Kommunikation missbrauchen würde. Ein objektiveres, reineres Objekt kann es nicht geben. Kein Objekt ist je rein für sich, es ist immer ein Genommenes und in diesem Nehmen Gewandeltes. Die subjektive Wahrnehmung, die Gespenster in unseren Köpfen, die Perspektive - all das macht das rein Objektive unmöglich. Man kann das Gegebene nicht so reinwaschen, dass nichts Subjektives haften bliebe. Die eigene Subjektivität ist unhintergehbar. Was bleibt, ist das Unterfangen, das Objekt so weit wie möglich von fremder Subjektivität zu reinigen oder Bereiche zu suchen, in denen etwas ohne fremde Willkür sich zeigt.

Es ist nämlich nicht gleichgültig, woher eine Bedeutung stammt. Auch ist die Bedeutung nicht eine monolithische Sache, ein geometrischer Punkt, ein klarer Kristall mit scharfem Rand. Bedeutung ist diffus, sie hat verfließende Ränder und auch innerhalb des wolkigen, nebligen Bereichs, den sie umfasst, sind kaum Abstufungen klar erkennbar, die so etwas wie Struktur entdecken lassen könnten. Bedeutung kann ohne Kern sein, ein Schuss dunkler Tinte im sonst klaren Wasser. Ihre fein verzweigten saugenden Wurzeln tragen ihr Nuancen aus allen möglichen Bereichen zu. Erinnerungen und Assoziationen, Ahnungen und Vermutungen, Fehldeutungen, Missverständnisse, gut gemeinte Auslegungen, momentane Stimmungen und das unfassbare Netz des Charakters, dies und noch vieles mehr, lassen in uns eine Spannung entstehen, einen Schwebezustand, der eine Möglichkeit der Entladung sucht. Schließlich, wenn die Energien eine Lücke finden, eine Wand, die so dünn ist, dass die in diesem Moment aufgestaute Potenzialität diese durchschlagen kann, materialisiert sie sich und nimmt eine definiertere Gestalt an. Sie nimmt sich einen Ausdruck als Wappenschild, als Zeichen ihrer selbst. Dieser Ausdruck ist kontingenter Niederschlag einer ausladenden Bewegung, die Fixierung einer kleinen oder größeren

Strömung, die in einem anderen Moment, unter anderer Konstellation, in einem anderen Kontext, an einem anderen Ort auch anders hätte ausfallen können.

Kommunikation ist vor allem Manipulation. Der andere, dem sie gilt, soll bewegt werden, etwas Bestimmtes zu tun. Sie ist der Versuch einer Steuerung, ein kaum versteckter Übergriff. Unsichtbare Hände ergreifen den anderen und drehen ihn in eine bestimmte Richtung. Sie nehmen seinen Kopf behutsam zwischen die Hände und richten seinen Blick auf einen bestimmten Punkt, damit er etwas Bestimmtes sehe. Sie legen ihm eine Kette um den Hals, die ihn sanft führt. Diese Kette ist voller Symbole, es handelt sich um eine Zeichenkette, ein dünnes Gängelband. Es sind nur Worte, doch sie reichen, um den anderen an der Nase herumzuführen. Egal ob aus Liebe oder Hass, Zuneigung oder Abneigung - dahinter steht immer ein „du sollst".

In der Redundanztheorie der Wahrheit wird behauptet, dass jeder Aussagesatz unausgesprochen auch noch ein "Es ist wahr, dass..." enthält. Nach dem Motto, wenn ich schreibe: "Ich schreibe diese Worte", dann heißt das auch: "Es ist wahr, dass ich diese Worte schreibe." Nun gut, man sieht die Äquivalenz ist nicht absolut, in der zweiten Form ist der Satz um einige Worte länger und allein schon deswegen nicht mehr in jeder Hinsicht derselbe Satz. Die angenommene Redundanz der Wahrheitsbehauptung ist vielleicht nicht so redundant wie man zuerst meint, eine Behauptung ist immer noch etwas anderes, als die Behauptung, dass diese Behauptung wahr sei.

Wir behaupten nun, selbst der Aussagesatz, der als solcher angeblich nur ein Sein ausdrückt und von keinem Sollen spricht, wie es moralische Sätze tun, ist von einem Sollen begleitet. Es steht immer dabei: "Du sollst mir glauben!" oder verzwickter: "Du sollst etwas tun, das ich dir nicht direkt sage!" Es wäre auch unverständlich, dass die Sprache, die doch zur Kommunikation und damit zur Manipulation gedacht ist, einfach nur etwas wiedergeben sollte, das irgendwo real existiert. Warum sollte man diese Verdoppelung anstellen? Die Evolution führte nicht ohne Grund zur Sprache. Sie muss einen handfesten Vorteil verschaffen. Von Worten allein kann niemand satt werden. Von

Liebesworten allein werden keine Nachkommen gezeugt. Die Sprache ist Mittel und dient einem übergeordneten Zweck.

Der Spaziergänger will sich den Ansprüchen der Kommunikation entziehen. Nur so findet er Erholung. Am einfachsten gelänge es ihm, ginge er allein. So manche gehen aber in Gruppen und sprechen ständig über dies und das. Sie halten sich gegenseitig unter dem Druck der Sozialität und fassen sich gegenseitig am Gängelband. Sie binden sich aneinander und ihre Aufmerksamkeit fluktuiert zwischen ihnen, wird abgezogen vom Wald, von der Umgebung. Kontemplation, das absichtlose Empfangen, wird unmöglich. Kaum sind Worte im Spiel, ist das Empfangen auch schon im Hintertreffen. Worte dienen dem Sagen, nicht dem Hören. Wir wollen uns mitteilen und warten ungeduldig, dass der Lautstrom aus dem Munde des Gegenübers versiegt, damit wir ihn mit unseren eigenen Lauten zudecken können. Der Wald sinkt zur kaum wahrgenommenen Kulisse herab, vielleicht kurz aufscheinend an Plätzen mit besonderer Aussicht, an denen die "Aahs" und "Oohs" der Wanderer ertönen.

Der Wald will nichts sagen, er will keine Geschichte erzählen. Um uns herum die Bildschirmkugel, die nicht auf uns einredet, die wir zwanglos betrachten können, den Blick lenken, wohin wir wollen, ohne Angst haben zu müssen, den Faden zu verlieren, denn es gibt keinen Faden, an dem entlang uns etwas zugeleitet wird. Das Bild von der Bildschirmkugel bringt die Passivität, Rezeptivität des Spaziergängers zur Geltung. Es verleugnet aber den kühlen oder warmen Wind, der über die Haut streicht, die Düfte, die von allen Seiten zugetragen werden, die reale Räumlichkeit aller Bezüge. Es verleugnet den innigen Bezug, das Schwimmen im vielschichtigen Medium. Der Spaziergänger erfährt den Wald als sanfte Berührung aller Sinne.

Nicht nur der Spaziergänger ist passiv, es ist auch der Wald. Beide haben sich den Zwecken entzogen. Der Wald dient keinem Zweck und auch der Spaziergänger nicht. Erholung ist ein Unterfangen, das scheitert, wenn es mit aller Kraft gewollt wird. Sie stellt sich ein, wenn jegliches Wollen in den Hintergrund tritt. Der Bogen wird entspannt und dient heute einmal nicht der Jagd. Und so dient auch der Wald keiner Jagd. Er wirkt strukturlos, alles ist gleichwertig nebeneinander, übereinander, ineinander aufgereiht. Räumlichkeit ist vorhanden, aber die Räumlichkeit, die durch die Verfolgung von Absichten entsteht, ist abwesend. Der Förster sieht den Wald gegliedert in Bestände, Rückegassen, Wege, Lagerplätze und so weiter. Seine Absichten gliedern den Raum, laden ihn unterschiedlich auf und geben ihm eine spezifische Räumlichkeit. Der Förster steht im Handlungsraum. Der Wanderer dagegen ist vom Raum umgeben wie von lichtem Nebel. Sicherlich folgt er dem Weg und so lädt sich der Weg mit einer speziellen Energie auf, zieht ihn mit sich. Aber all das ist im Verhältnis zum voll durchstrukturierten Handlungsraum rudimentär und residual. Für den Spaziergänger ist der Wald vorhanden und nicht zuhanden, für ihn **ist** der Wald einfach und dient nicht irgendwas oder irgendwem.

Liebespaar

Die Liebe ist ein Sinnstifter, der die Realität rechts liegen lässt und den linken Weg einschlägt. Sie ist eine der stärksten Interpretation, eine der intensivsten Verformungen. Sie bedeckt zärtlich die Wirklichkeit mit ihrem Mantel und wirft Falten über leere Stellen oder verhüllt Berge und Täler und macht sie eins. Sie fügt aneinander, verbindet, verlockt. Sie wirkt zwischen Menschen wie eine magnetische Kraft, wie die Schwerkraft, die den Mond bei der Erde behält und die Planeten um die Sonne. So unerklärlich wie die Gravitation, dieser unsichtbare aber unnegierbare Zusammenhang, so unerklärlich ist die Liebe. Zunächst erscheint die Attraktion, dann die Verständigung, dann die Selbstverständlichkeit. Die Liebe verleiht Werte, sie bevorzugt. Sie unterwirft die Menschen und macht sie damit glücklich, lässt sie intensiver leben. Der Tod ist lieblos, ihm sind alle Lebendigen gleich. Die Liebe aber transformiert das bloß Seiende in einen Schatz. Sie ist verantwortlich für die leicht erbrachten, aber schwerwiegenden Opfer. Der finstere Wald wird durch ihre Droge zum Zufluchtsort. Er wird invertiert. Die dunklen Plätze werden die, die den Liebenden leuchten. Die Lichtungen aber, auf denen die Menschen in der Sonne liegen oder die Wege, die die Menschen durch den Wald leiten, taugen nur für die leichten Zärtlichkeiten, die Umarmung, den Kuss. Dort sind noch zu viele andere unterwegs, im Dunkeln aber sind nur du und ich und unsere Liebe, die uns vereint.

Wer weiß, ob sie in der Stadt ihre Liebe konsumierten oder einander nur schöne Verse aufsagten. Wer weiß schon, welche

Intensitäten die Zärtlichkeiten erreichten, die sie sich schenkten. Zu vermuten ist, dass sie sich nur flüchtig küssten und einander ihre Liebe verstohlen ins Ohr flüsterten. Wären Romeo und Julia doch nur in den Wald geflohen. Sie hätten in seinem Inneren, in seinem Herzen, schon eine dunkle Stelle gefunden, einen Schatten, der sie bedeckt.

Flieht in den Wald, ihr dummen Stadtkinder! Dringt immer tiefer in ihn ein! Verlasst die Wege und Steige! Der Wald enthält ein Refugium für jedermann. Tief in ihm ist es, als würde man die Türen verschließen und die Vorhänge zuziehen. Das Moos ist wie ein weiches Bett, das Rauschen in den Wipfeln wie romantische Melodie. Drückt die Farnblätter und Äste beiseite! Öffne ihre Bluse, Romeo! Atme den Duft ihrer Haut vermischt mit dem Parfüm von Fichtennadeln und Erde. Sieh, wie sie erregt atmet! Höre dein sich überschlagendes Herz. Die Sinne der Nähe: Der Geruch-, der Geschmack- und vor allem der delikate Tastsinn, sie schaffen euch das Universum, das nur aus euch besteht. In einer Blase der Innigkeit, zurückgebogen aufeinander, umschlungen, umfasst, ineinander verschoben, eure Essenzen vermischend, eure Wurzeln im Körper des anderen versenkend, aneinander Nahrung findend, einander die Seelen aufzehrend - das erschafft einen Kosmos wie es noch keinen kostbareren gab. Alles ist lebendig und wertvoll darin. Die Lippen sind die Pforten eines ständigen Austauschs an Köstlichkeiten. Die dünnen Häute zwischen euch werden aufgerieben und transparent.

Sie zerkratzt dir die Haut, Romeo. Ihre Fingernägel zerreißen dir die Epidermis. Das Brombeergestrüpp ritzt euch beiden in die Haut. Dein Blut vermischt sich mit dem Humus. Der Erdgeruch zieht deine Blutbahnen entlang. Die feinsten Wurzeln der Bäume, das extrem feine Myzel der Pilze durchzieht eure Körper, schafft unzählige Verbindungen, ermöglicht ein Kontinuum, einen Übergang, ein Zusammengehören. Der Wald vermählt euch wie es kein Priester könnte. Ihr beide wurzelt ineinander, wachst unaufhörlich ineinander hinein. Zwischen euch entsteht der Wald, ihr selbst werdet wie der Wald. Die Gefühle und Empfindungen, das ist der Wald, der aus euch herausbricht, in euch hineinstürzt. Das Kreisen der Organismen, euer Kreisen umeinander, das ist der Wald. Der Wald bedrängt euch. Er will euch sein Keimen, Wachsen und Fruchten aufdrängen. Die Liebe ist mehr als Fortpflanzung, aber der Wald legt das Fortpflanzen nahe und ihr befindet euch im Schoß des Waldes. Die Psyche findet ihren Anhalt an den Dingen. Die Dinge leiten die Psyche, drängen ihr Assoziationen auf, Verbindungen, Zusammenhänge. Im Wald ist das Lebendige überall. Wie solltet ihr dem auf Dauer widerstehen? Wohin davor flüchten, da ihr euch doch schon im tiefsten Versteck befindet? In euer Universum bricht das Leben ein, ihr könnt es nicht verhindern.

Innigkeit? Intimität? Es erscheint nur der Schein der Intimität. Blickt doch um euch. Die Bäume und Sträucher haben sich verwandelt. Sie sind zu den anderen geworden, die um euch stehen und euch neugierig und prüfend zusehen. Sie beobachten, ob ihr auch ausführt, was sie euch aufgetragen haben. Sie kommen immer näher. Sie legen ihre Hände auf eure Körper. Sie gehen euch unter die Haut. Die feinen Wurzeln in euren Blutbahnen, das waren in Wirklichkeit sie. Sie setzen sich hinter eure Augen und betrachten von dort das Geschehen. Sie belegen immer die besten Plätze. Sie wissen was zu tun ist und geben Befehle. Und wenn etwas nicht nach ihrem Willen läuft, folgt die Zurechtweisung sofort. Romeo und Julia sind vor den anderen in den Wald geflohen. Sie meinten, sie könnten, was Capulet und Montague an ihnen war, abschütteln. Nein, sagen sie, wir wollen wirklich wir sein, darum gehen wir in den Wald, versinken im Dickicht unserer Gefühle, umgeben uns mit Blattwerk, ziehen die Büsche vor die Augen. Wie die Kleinkinder meinen sie, dass wenn sie nichts sehen, auch die anderen sie nicht sehen und nicht mehr über sie bestimmen können.

Immer tauschen wir die anderen nur gegen andere andere. Noch bevor der erste Kuss der Liebe getauscht wurde, wussten sie, wie dieser Kuss sein muss. Die Liebe muss groß sein, größer als alles andere. Sie muss den tödlichen Familienstreit überwinden, die Familien selbst. Sie muss den Freitod wert sein. Sie muss einen in das größte Glück hochwerfen oder in die tiefste Verzweiflung stürzen. Und der Gang in den Wald, er muss wie ein Taumel sein, ein unendlicher Rausch, eine Befreiung ohnegleichen. Romeo und Julia setzen die Liebesmaske auf. Das Tier kommt niemals frei. Lauf ein Stück weit an der langen Leine! Das wird wohl immer so sein. Unsere Freiheit läuft immer am Gängelband. Mensch sein heißt gefangen sein, aber in mehr als nur einem Verlies. Das Gefängnis mit seinem unüberwindbaren Mauerwerk ist voller Zellen, zwischen denen der Durchgang möglich ist.

Voneinander getrennt, getrieben oder gezogen, taumeln oder rennen die beiden von einer zur anderen. Sie schließen die eine Zellentür und öffnen die nächste. Sie versuchen zueinander zu gelangen. Doch immer bleiben Gitter zwischen ihnen. Das Wasser ist viel zu tief. Sie sehen einander. Sie berühren und küssen einander, sie kopulieren, nutzen den Abstand zwischen den Gitterstäben, teilen jedoch nie eine gemeinsame Zelle. Alle sind in Einzelhaft.

Kann der Wald uns vor dem anderen retten? Können wir ihn wirklich erreichen, wirklich in ihm aufgehen?

Wenn man nur die Worte aus dem Mund und dem Gehirn herausnehmen könnte.

Sei still, damit ich Wurzeln schlage!

Die Worte sind deine Wurzeln.

Nein, es sind nur Krücken. Ich will das alte Paradies.

Das Paradies gibt es nur als Verheißung. Als Versprechen, und damit gesprochen. Du hast dich Gott verschrieben.

Ich will wie der Teufel sein und Chaos stiften, damit endlich mein Wille geschehe.

Von Zelle zu Zelle läuft Romeo, von Zelle 23 zu Zelle 43, dann Zelle 13. Die Zellennummer ist seine Nummer. Sein Name ist diese Nummer und er verbüßt die Strafe für das Verbrechen, für das diese Nummer steht. Er leistet Strafarbeit im Büro, auf der Baustelle, in der Kindererziehung, im Ehebett und bei der Geliebten. Die Zellen wandeln ihn. Niemand ist ein Häftling, ohne dass Spuren bleiben. Die Zellen hinterlassen Falten in der Haut, Altersflecken. Jede Nummer klebt auf einen Zettel gekritzelt an seinem Gefängnis-Overall. Er betritt die Zelle 13, aber man sieht ihm immer noch irgendwie an, dass er in Zelle 23 und 43 war. Romeo ist in lauter Papierfetzen gekleidet. Man könnte meinen, er ist nichts als diese Ansammlung, dieses Konglomerat von Nummern. Vielleicht ist das so. Vielleicht hat er keine eigenen Augen, sondern nur die tausend Augen der anderen. Er ist der Konvergenzpunkt, an dem alle Nummern haften, aber wenn man genau hinsieht, erkennt man, dass dieser Punkt in Wirklichkeit ein Wollknäuel ist, mehr oder weniger dicht geschnürt, vielleicht auch nur ein Haufen loser Fäden. Das Dickicht, die Blätter, die Romeo um sich schlägt, sind kein Laub sondern Papier.

Romeo geht von Zelle 43 zu Zelle 13. Er überschreitet die Schwelle. Was passiert in diesem infinitesimalen Moment, in diesem Augenblick zwischen 43 und 13? Romeo ist noch nicht Häftling 13 aber auch nicht mehr Häftling 43. Ein Konglomerat aus Zahlen ändert seine Konfiguration, schiebt einige Zahlen nach vorne, andere nach hinten. Diese Verschiebung ist ein entscheidender Augenblick. Wenn irgendwo der eigentliche Romeo sichtbar werden könnte, dann nur in diesem Moment, in dieser Lücke, auf dieser Schwelle.

Zunächst scheint es so, als würden wir enttäuscht: Es gibt kein wahres Gesicht hinter den Masken, keinen reinen Kern hinter den mit Zahlen bekritzelten Außenflächen. Das gezeigte Gesicht ist nicht Ergebnis der Entscheidung eines dahinter stehenden freien Willens, sondern ernötigte Antwort auf die Frage der Situation. Das mechanistische Reiz-Reaktions-Muster, das als Erklärungsschema einen anspruchsvollen Geist nur beleidigen kann und das wir überwunden glaubten, feiert fröhliche Wiederkehr. Die Konfiguration, die das Bewusstsein und seine stillen Helfer oder Meister einnehmen, bildet sich direkt und ohne vermittelnde Instanz auf den Anruf der Umwelt. Wer sollte sich noch dazwischenstellen, da all die Instanzen, die wir sonst als Garanten unserer Freiheit heranziehen, militärisch den Gruß erwidern? Die Vernunft, die sich zeigen soll, lässt fühlen und denken, wie es sich gehört. Keiner sitzt an den Schalthebeln der Macht. Der Spielraum ist nur so weit, wie es die Rolle zulässt. Man ist gezwungen lustig, ohne den Zwang zu spüren. Gezwungen liebevoll, ohne Zweifel daran zu hegen, dass man wirklich liebt. Wenn wir versuchen auf etwas zu zeigen, das hinter dem Geröll der verfügbaren Rollenpersönlichkeiten wirklich, ganz eindeutig und ohne Frage wir selbst sind, stecken wir den Finger immer nur in Treibsand. Alles gibt nach. Und was auch immer erscheint, wenn es in irgendeiner Weise Inhalt aufweist, ist es nur ein mögliches Ich, ein Aspekt, der eingenommen werden kann beziehungsweise eingenommen werden muss, sofern

Verrücktheit keine akzeptierbare Option darstellt. Und selbst die Verrücktheit haben die anderen erschaffen.

Trotzdem werden wir den Verdacht nicht los: Da muss etwas sein. Einen Haken muss die Sache doch haben, an dem alles hängt. Wir graben tiefer. Wir forschen weiter. Wir filmen den Wechsel von Zelle zu Zelle, betrachten den Vorgang in Zeitlupe: Langsam, Bild für Bild. Und da! - Ohne im normalen Ablauf bemerkbar zu sein, lacht uns ein Gesicht entgegen. Grell geschminkt mit einer lustigen Mütze. Da ist er, der Universalkleber, die Brücke, der einzig wirkliche Freigeist. Wir haben den Joker gezogen. Er besorgt den Austausch, ist kreativ, bricht Teile aus dieser Vernunft, knetet sie ein bisschen und übergibt sie der nächsten zur Integration. Unbemerkt vollführt er seine Tätigkeit, denn die Ordnungen sind blind für ihn. Sie begegnen ihm mit schlafenden Augen, träumen von seinen Vorschlägen und machen sie zu den ihren.

Von weitem betrachtet, erscheint das so: Das Ich, das Persönlichkeitsgeröll, das tosend in einer Lebensspanne zu Tal fährt, lässt Stein gegen Stein stoßen, Kanten abbrechen, Partikel sich in neuen Konstellationen zusammenschieben. Diese Lawine geht unaufhaltsam durch die Welt, reibt sich in sich selbst und reibt sich an der Welt, hinterlässt eine gewaltige Bahn der Störungen. Eine Lawine, die für sich gesehen wiederum wie ein Stein im Geröll der Welt ist, das tosend ins Tal der Entropie hinabdonnert.

Aus der Nähe erkennt man aber das unermüdliche Treiben der Joker, die tausend Hände, die hin- und herreichen und den Königen närrische, jedoch brauchbare Ideen zuflüstern. Es mag ein Trost sein, dass sich die Joker um unser Leben kümmern und durch ihre Tätigkeit einen Zusammenhang entstehen lassen, den wir als den unseren entdecken können. Dank ihrer Hilfe zerfallen wir nicht in ein Chaos einzelner Zustände und separater durch den jeweiligen Kontext bestimmter Biografien. Ihre Verknüpfungen machen die Elemente reicher, als die jeweilige Ordnung, das jeweilige System es nötig hätte. Sie halten die Zellentüren offen. Sie lassen die Zettel mit den verschiedenen Nummern aneinanderkleben. Ich, der ich dich liebe, fahre in diesem Auto zur Arbeit, glaube an Gott und den Teufel. Ich bin viele, je nachdem ein anderer. Der Joker lässt mich jede Rolle so spielen, als wäre ich ein Schauspieler: Mit vollem Ernst und darin aufgehend, dennoch aber mit Potenzial für weitere Rollen, sodass ich in jeder Rolle mehr als diese Rolle bin, ohne jemals mehr als ein Schauspieler zu werden.

Ich bin der jeweils adäquate andere und doch unverwechselbar durch den oder die Joker in mir. Das erreichen die Joker über den Strahlenkranz an außerordentlichen Verbindungen, den sie für mich in einer Ordnung aufrechterhalten und durch den Zündstoff, den sie damit in die jeweilige Ordnung tragen. Ich bin ein unverwechselbares Geröll, Produkt von Ordnung und Chaos. Ich bin soziales Produkt und auch ein Funke Kreativität. Ich bin der andere und der Joker zwischen den anderen. Der Joker parasitiert die Ordnungen, bricht sie und transferiert umgemodelte Bruchstücke. Er erscheint originell, aber die Quelle ist die göttliche Ordnung. Nur die Ordnung erschafft Elemente und bestimmt deren Bedeutung. Nichtsdestotrotz hat er es bis zum Schöpfer gebracht. Schöpfend aus der einen Ordnung gewinnt er die Keime für die nächste.

Die Ordnungen, die uns knechten, sind zugleich unser Reichtum. Sie stellen das Material bereit, das es uns ermöglicht, uns immer neu auszudrücken, immer wieder anders zu werden. Wir gewinnen Vielfalt, ein riesiges Reservoir an Facetten. Wir schwimmen im Meer der sozialen Masken. Es ist unser Medium. Wir hinterlassen darin Spuren. Wir sind die anderen, die anderen sind wir. Wir sind andere andere und immer wieder anders andere, den Jokern sei Dank.

Was heißt das nun für Romeo und Julia? Ist wahre Liebe möglich? Romeo, du frägst dich, ob Du Julia wirklich liebst? Die anderen sagen Dir: Wenn du dich das frägst, dann liebst Du sie nicht wirklich.

Im System der Liebe, in der ihr eigenen Vernunft, kann im Grunde diese Frage nicht gestellt werden, denn natürlich ist die Liebe dort wahr. Sie kann nicht anders. Es scheint, als ob man die Ordnung der Liebe verlassen würde, wenn man sich diese Frage stellt. Es ist, als ob man sie von außen betrachte, allerdings mit Augen, die aus ihrem Innern stammen. Eine Ordnung aus einer anderen Ordnung heraus zu beurteilen mit einem Anspruch aus dem Innern der zu beobachtenden Ordnung, ist ein paradoxes

Unterfangen. Hat man die ursprüngliche Ordnung wirklich verlassen?

Die Frage nach der wahren Liebe verlässt nur scheinbar die Liebe. Die Liebe liefert das Engagement, mit der nach einer Antwort gesucht wird. Sie macht diese Frage zu einer bedeutsamen Frage des Herzens. Nur die blassen Stubenhocker, die nicht verliebt sind, könnten solche eine Frage nüchtern stellen, mit kalten Fingern auf die Stellen in Shakespeares Werk deutend, aus rein wissenschaftlichem Interesse heraus. Vielleicht gehört es zur Vernunft der Liebe, sich von außen und innen zugleich erfassen zu wollen. Wahre Liebe soll die Grenzen ihrer Vernunft sprengen und dennoch in sich vernünftig sein. So etwas zu wollen, kann nur unglücklich machen. Und wirklich, die Überlieferung sagt uns, dass diese Liebe tragisch endete. Sie sagt uns aber auch, dass es sich um wahre Liebe handelte, denn sie forderte den höchsten Preis. Uns aber bleiben Zweifel. Wir suchen immer noch den wahren Romeo und die wahre Julia unter dem Geröll aus anderen. Die Joker lassen uns keine Ruhe. Sie lassen uns immer mehr vermuten als nötig.

Asaf, der Förster

Asaf könnte man als den ersten Förster bezeichnen. Luther nannte ihn einen Holzfürsten, eine übertriebene Bezeichnung für einen bloßen Aufseher über die königlichen Wälder. Nichtsdestotrotz ist er ein hoher Beamter, der einen sehr angesehenen Posten bekleidet. So angesehen, dass sein Name Eingang in die Bibel fand (Neh 2,8). Er hat mit etwas äußerst Wertvollem zu tun. Er ist für die heiligen Zedern zuständig, das edle Holz, das in einem Atemzug mit Gold genannt wird und für den Bau von Palästen und Tempeln bestimmt ist.

Wären die Zedern ein Rohstoff wie Gold, dann würde der Auftrag Asafs lauten, diesen Stoff so schnell wie möglich von den Hängen der Berge zu klauben und ihn an den Hof des Königs zu schaffen. Die Goldhülle der Berge wandert ein für alle Mal in die Schatzkammern des Palastes. Der Maßstab für Asafs Leistung wäre die Geschwindigkeit, mit der er seinen Auftrag erfüllt. Und sind die Hänge einmal entblößt, ist das Ziel endgültig erreicht.

Die Zedern sind aber kein totes Metall. Es sind Organismen, die wachsen und die Nachkommen produzieren. Die Zedern sind Maschinenbauer, Maschinen und Produkt in einem. Die Bäume produzieren das Holz, das sie selber sind und sie produzieren die Sämlinge, die neuen Holzproduktionsmaschinen. Asaf darf also unter keinen Umständen zu schnell werden. Er darf den Zeitraum nicht ungebührlich verkürzen. Er muss das rechte Zeitmaß finden. Die Zedern wandern von den Hängen der Berge in die Taschen des Königs, doch langsam genug, dass nachwächst, was geerntet wurde. Asaf sagt ein Stück weit Nein zum König und Ja zum Wald. Dieses Nein ist aber im Interesse des Königs, denn auf lange Sicht macht ihn das reicher. Asaf hält zurück. Er wehrt ab. Er symbolisiert die Vernunft im Dienste der Gier. Um zu verhindern, dass der Stoff, der von den Hängen fließt, sich verknappt, reduziert er diesen Fluss. Diese Zurückhaltung in der Ausbeutung, die die Ausbeutung optimiert, nennen die Forstleute Nachhaltigkeit.

Nachhaltigkeit ist die Verknappung vor der Verknappung. Noch bevor der Wald zur Neige geht, wird die Neige simuliert. Wäre die Simulation der Armut das einzige Prinzip der Nachhaltigkeit, so wäre sie nichts anderes als Rationierung: Möglichst lange, mehr schlecht als recht, einen Nutzen ziehen. Eine lang gezogene Armut, anstelle eines kurz währenden Schwelgens in Reichtum. Glücklicherweise wird das Prinzip gestützt von einer sprudelnden Quelle, einem fortwährenden Erneuern, Verjüngen, Nachwachsen, Gesunden. Es geht darum, dem Schenkenden nicht die Hände abzuhacken, damit er auch weiter seine Geschenke bringt.

Wir wissen nicht, ob Asaf wirklich schon die Optimierung durch Verlangsamung anstrebte. Der schnelle Reichtum ist eine große Verlockung und die kurze Lebensspanne der Menschen verführt zum schnellen Konsumieren. Zum Großteil verschwanden die Zedernwälder. Die Vernunft ist also an der Gier gescheitert. Vielleicht war Asaf keine bemerkenswerte Figur, sondern vielmehr ein Schwächling, Dieb oder Trottel.

Was macht den Wert der Zedern aus? Schon als das Zedernholz noch in Überfluss vorhanden war, galt es als wertvoll. Das liegt wohl an der Größe und Schönheit der Bäume, am Geruch des Holzes, an den vielseitigen Verwendungsmöglichkeiten. Im Überfluss vorhanden, dennoch wertvoll und gerade nicht überflüssig? Wir sind schon so von der Ökonomie durchtränkt, dass wir uns wundern: Wie kann etwas, das im Überfluss vorhanden ist, als wertvoll erachtet werden?

Atemluft ist in Überfluss vorhanden. Niemand, der bei gesundem Menschenverstand ist, würde aber behaupten, sie wäre nicht wertvoll. Ihr Wert ist allerdings schnell begründet und man braucht Unverständige nur ein wenig zu würgen, damit sie diesbezüglich wieder zu Verstande kommen. Wir können ihren

Wert dem Umstand zuschreiben, dass unser Überleben von ihr abhängt: in Abundanz vorhanden, aber für unsere Existenz notwendig. Ich brauche dich, wie die Luft zum Leben. Du bist überall, dennoch brauche ich dich. Gerade weil du überall bist, darf ich dich brauchen. Ich bin abhängig, laufe aber keine Gefahr an dieser Abhängigkeit zu scheitern.

Bei den Zedern ist das anders. Sind die Zedern für unsere Existenz notwendig? Nein, nicht wirklich. Die Dinge, die uns sehr nah sind, die unsere Existenz stützen, denen weisen wir gerne Wert zu. Es ist unser Wert, der auf sie abfärbt. Dinge, die aber entfernter liegen, die für uns nicht notwendig, aber dennoch wertvoll sind, das ist eine andere Geschichte. Wir sind es, die die Werte in der Welt verteilen. Jeder Wert ist eine Zuweisung aus der Allmacht unserer Wertschätzung heraus. Doch manche Dinge nötigen uns in gewisser Weise, ihnen einen Wert zu verleihen. Der zwanglose Zwang des Wertvollen, auch eine Art von Kommunikation. Die Dinge reden zu uns mit einer Stimme, die wir ihnen geliehen haben. Die Stärke dieses zwanglosen Zwangs ist das Maß des Werts an sich, der unserem Eigenwert gegenüber steht. Weil es so etwas gibt, Werte, an denen nicht unser Überleben hängt, sind wir nicht allein in der Welt. Es entlastet, wenn wir nicht mehr die Angeln des Universums sind.

Ich weiß nicht, ob Asaf als Figur für die weiteren Ausführungen trägt. Er ist mit Wäldern verbunden, die größtenteils verschwunden sind. Er ist gescheitert und im Grunde Exempel eines misslungenen Unterfangens, also ein schlechtes Beispiel. Im Mittelmeerraum ging man in der Antike und danach schonungslos mit den Wäldern um. Laut Vico führt der Weg der Kultur, die Ordnung der menschlichen Dinge, von den Wäldern über Hütten, Dörfer und Städte zu den Akademien. Eine weitausladende Bewegung, die Wälder auf großer Fläche wegwischt. Denn die Flächen werden nicht nur von den Gebäuden verbraucht, der weitaus größere Teil dient der Produktion von Nahrungsmitteln für deren Bewohner. Felder und Viehweiden sind Schritte auf dem Weg zur Akademie. Der Bauer bereitet den Boden für eine Menschendichte, die nötig ist, um aus ihrer Mitte Akademien entstehen lassen zu können. Eine Akademie, eine Universität, verschlingt daher Tausende von Quadratkilometern. Der Energieaufwand, der Stoffverbrauch, für die instituierte Intellektualität ist immens.

Der Mensch entreißt dem Wald den Raum, den er für seine Manifestation braucht. Er braucht Platz zum Wohnen und Platz zum Denken. Er schafft sich eine Heimstatt, eine adäquatere Welt. Eine Welt, die ihm entspricht, die ihm ständig zuspricht und ins Ohr flüstert, wer er ist, damit er sich erinnert. Eine Welt, die geeignet ist, das zu stützen, was ihn ausmacht. Die Kultur ist Feind der Natur und das Verhältnis zwischen beiden das des Entreißens, der Eroberung, der Unterjochung, Verdrängung, Auslöschung. Ein unerbittlicher Gegensatz und Streit, der nur endet, wenn einer den Ring endgültig verlassen hat. Das Ergebnis sind verkarstete Regionen, verwüstete Schlachtfelder, die wir vielleicht sogar idyllisch finden, mit mediterranem Flair, weil wir sie heute nicht anders kennen. Im heißen Klima des Mittelmeerraums hätten die Menschen viel mehr Grund ihre Wälder zu lieben, als Refugium vor der Sonnenglut, Garant für einen kontinuierlicheren Wasserfluss. Trotzdem wurden dort die Wälder als erstes geopfert. Man zog die Grausamkeit der Lichtung dem kühlen Waldkleid vor. Sah man nur den Wert der Schiffe, der Häuser, der Wagen, der Ställe, der Vorratsschuppen, nicht aber den der Quelle dieses Materials? Das Wort Material, Materie, das mater beinhaltet, Mutter, madera, das Holz. Die Vorsokratiker suchten einen Urstoff und dachten an Luft, Feuer, Wasser - dachte niemand an Holz?

Die griechische Göttin Artemis jagt in den Wäldern und tötet die Menschen, die sie dort trifft. Nicht, weil sie nicht will, dass die Menschen in ihren Wäldern jagen. Nein, weil sie weiß, dass die Menschen das Waldkleid herunterreißen, die Landschaft bis auf den nackten Stein entblößen. Sie ist Göttin eines lebenden Hauses und Feindin derer, die dessen Wände einreißen. Als Jägerin bringt sie den Tod, doch hütet sie das Prinzip des Lebens. Die Menschen dagegen zerstören das Prinzip des Lebens selbst und dafür haben sie den Tod verdient. Artemis übt Gerechtigkeit. Doch sie verliert, sie verschwindet mit den Wäldern. Sie zeigt sich nicht in der Sonne oder im harten Schlagschatten der hitzeumspülten Felsen.

In Deutschland hätte man mehr Grund gehabt, die Wälder zu hassen. Sie besetzen wertvolles Ackerland. In ihnen hausen die Räuber, Wölfe und Bären. Der Wald ist gefährlich, aber auch göttlich, so wie die Zedernwälder des Libanon. Wirklich genauso göttlich? Die dunklen Buchenwälder beherbergen sicher andere

Götter. Ich kann mich des Eindrucks nicht erwehren, dass diese mehr im Erdreich sitzen, im dunklen Humus. Diese Götter bevölkern nicht den Himmel, sondern die Erde. Diese Erde ist schwer und gehaltvoll. Warum auch in den Himmel blicken, da das Blätterdach überall den Blick versperrt? Die Wurzeln sind uns immer näher als die hoch gelegenen Äste. Es war schon immer unser Fehler, die Götter im Himmel oder in den Sternen zu suchen. Was wir dort finden, ist zu blass und zu fern. Über der Weltesche Yggdrasil kommt nichts Wichtiges mehr. Sie ist nicht eine Verbindung zwischen Diesseits und Jenseits, sondern Diesseits und Jenseits selbst. Wir stehen zwischen Wurzeln und Kronenraum. Vor uns, an der Wurzel der Weltenesche sitzen die drei Nornen Urd, Verdandi und Skuld, die Verkörperungen von Vergangenheit, Gegenwart und Zukunft, das Gewordene, das Werdende und das Werdensollende. Sie spinnen die Schicksalsfäden und bestimmen die Geschicke der Menschen und Götter. Sie sind also mächtiger als die Götter und die eigentlich wahren Göttinnen. Sie schöpfen aus dem Schicksalsquell und gießen die Weltesche. Sie erhalten das Leben durch ihre beständige Tätigkeit. Die Schöpfung muss immer neu geschaffen und gestützt werden, damit sie nicht zerfällt. Es bedarf einer fortwährenden göttlichen Anstrengung, um das Unwahrscheinliche des Lebens gegen die Wahrscheinlichkeit des Toten zu schützen. Die Nornen arbeiten beständig gegen das Gesetz der Entropie. Göttinnen, die uns Zeit geben, die uns unsere Umwelt geben, die nichts anderes ist als unser Schicksal, aus dem wir das Beste machen können, und die das Leben erhalten, obwohl sie unseres eines Tages nehmen werden.

Yggdrasil steht im Herzen des Waldes, im Herzen der Welt und der Menschen. Doch der Wald muss besiegt und gerodet werden, damit die Menschen Platz finden. Und wirklich hat man aus dem dunklen Reich Holz und Tiere geschöpft, das Licht überall in den Wald hineingeleitet und die Hölzer fortgespült. Das Waldkleid wurde in Fetzen gehauen und aufgebraucht. Statt eines Waldes mit Lichtungen, gab es vielmehr nur noch eine große Lichtung, die von Wäldchen und verkrüppelten Bäumen durchbrochen war. Der übliche Lauf der Geschichte - selten hört man anderes.

Das Erstaunliche war, dass eines Tages aus der überdimensionierten Lichtung heraus die Wälder zurückgerufen wurden. Mag sein, dass die Gefühle für den Wald den Verstand überlisteten, wahrscheinlich ist das nicht. Eher noch ist es der Verstand selbst, der seine Rolle neu bedenkt und nach dem gewonnenen Krieg die Kolonien optimieren möchte. Es wurde nur ein kleines Stück weitergedacht: Die Produktion beginnt nicht beim Balken und beim Brett, sondern sie beginnt beim Baum und im Wald. Nun ist die Zeit wirklich reif für Asaf und er kann wieder eingesetzt werden, um die Wälder zu verwalten. Es musste nur der Blick umgewendet werden. Nicht in Richtung der Sonne und des Himmels muss man sich orientieren, sondern in Richtung der Wurzel. Asaf hat den Auftrag, die Wurzel zu behüten. Artemis flüstert ihm ins Ohr und er nickt. Man hat ihn auf einen Knoten gesetzt. Er sitzt auf einem Verteiler oder Zusammenfluss, er sitzt auf einem Knoten aus Schicksalsfäden. Er nimmt ein Stück weit die Rolle der Nornen ein. Er hat zu tun mit dem Gewordenen, dem Werdenden und dem Werdensollenden. Er hält die Schere in der Hand und bestimmt mit ihr über die Bäume und gestaltet so den Wald. Er sitzt auf einem Knoten aus Natur und Kultur oder vielmehr muss er solche Knoten knüpfen. Seine Aufgabe ist, das rechte Geflecht herzustellen, das beste Tuch aus diesen Fäden zu weben.

Asaf scheiterte in den Zedernwäldern des Libanon, doch er erfüllt seine Aufgabe erfolgreich in den Wäldern der Barbaren.

Asaf, woher kommst du? Wie wir alle kamst du aus der Mitte der Blätter, aus dem Herzen des Waldes. Du bist eine neue, bald schon alt werdende Idee der Natur. Eine Blüte oder ein Dorn in ihrem Dickicht. Eine Variation des Lebens, die leben will, inmitten von Variationen des Lebens, die leben wollen. Ein Einfall bedroht von neuen Einfällen und von verborgenen Mängeln, die dich eines Tages vielleicht ausmerzen werden. Du bist im Wald als Teil des Waldes entstanden. Um aus ihm hervorzutreten, um die Sonne zu erblicken, den Kosmos zu durchschauen, die Gesetze der Natur zu erkennen, musstest du den Wald roden. Du musstest erst die Lichtungen in ihn hineinschlagen, damit du ins Freie treten konntest, um dort deine Akademie zu errichten. Der Weg war nicht bereitet. Du musstest dich herauswühlen, herausgraben, die Natur unter dich drücken, dir die Natur untertan machen, bis du dir endlich die Sterne über dir und das moralische Gesetz in dir als neue Horizonte setzen konntest.

Du musst die Mutter knechten, damit du dein eigener Herr werden kannst. Und auch dann wirst du deine Knechtschaft nicht los. Warst du früher Teil der Natur, bist du jetzt Teil der anderen. Du gehörst dem König. Du gehörst dem Wald, geschnitzt aus lauter anderen. Ihre Arme und Hände wogen im Wind. Sie alle sprechen durcheinander, das ist das Rauschen im Walde. Du siehst sie werden und sterben. Du siehst dich werden und sterben unter ihren Augen, mit ihren Augen. Du siehst dich werden und sterben wie sie. Mit den anderen gehst du in die Akademie, errichtet aus anderen. Sie reden auf dich ein, sie formen dich nach ihrem Bilde. Du wirst geschult, man könnte auch sagen gefoltert, geformt, getrieben, gebrochen, gebunden, gestaltet...

Asaf hat die Lichtung verlassen, um den Wald wieder zu betreten. Doch er hat die Sonne in den Augen. Er gliedert sich nicht ein, sondern gliedert den Wald. Sein Blick ist ein analytischer, so wurde er geschult. Er kommt als Herr der Bäume daher, doch er ist auch ein Knecht der Menschen. Er dient dem König, dem Waldbesitzer, er dient dem ökonomischen Prinzip. Er wurde auf der Lichtung geschult, in der Akademie, und auf diese Weise ausgerichtet. Sein Herz wurde an den rechten Fleck gesetzt, den Fleck, den man auf der Lichtung als den rechten ansah. Nun geht er mit einer bestimmten Konstellation aus geformten Sinnen und einem bestimmten Programm im Gehirn in den Wald zurück und sieht in ihm, was man von der Lichtung aus dort im Wald auszumachen glaubte. Der Wald ist jedoch dunkler, als man von der Lichtung aus meinen könnte. Die Stämme der Bäume bieten einen Halt, mit dem man von der Ferne aus, aus der Lichtung heraus nicht gerechnet hatte. Bestimmte Fasern Asafs geraten in Schwingung. Vielleicht regt sich ein altes Erbe, eine alte Sehnsucht neu. Im Kampf um die Ausrichtung kann einiges passieren. Asaf möchte den Wald steuern, doch der Wald hat eine eigene Dynamik. Die Dunkelheit, der Duft des Humus und des Harzes, die hölzernen Säulen, sie fordern von Asaf etwas ein. Der Wald will Asaf steuern. Er fordert eine bestimmte Einstellung und Ausrichtung Asafs, ein spezielles Verstehen. Es ist nicht sicher, ob er sich dem auf immer widersetzen kann.

Pfadfinder, domestizierte Wilde, Halbindianer... - die Fremden, die sich selbst Zivilisierte nennen, nutzen sie, um sich im Wald zurechtzufinden. Um mit der Wildheit umgehen zu können, muss man das Halbwilde bemühen. Man braucht einen Phasenübergang, ein Dazwischen. Etwas, das an beiden Bereichen teilhat. Der Bastard, der Hybride, ist der Schlüssel. Natürlich könnte man auch Feuer legen, alles planieren, mit Asphalt zudecken, doch das ist nicht zivilisiert genug, ist barbarisch. Das ist kein kluger Umgang. Man tötet nicht das Huhn, das goldene Eier legt. Klüger ist, es zu verstehen. Ihm zu geben, was es braucht. Die Umstände so zu gestalten, dass dessen Produktivität ein Maximum erreicht. Dazu braucht man jemanden, der das Huhn versteht. Der weiß, dass man Getreidekörner braucht, um Gold zu produzieren. Das führt uns zurück zum Wald und seinem hölzernen Gold.

Asaf, immer wieder davon bedroht, seinen klaren Blick zu verlieren und im Humus und Harz zu baden, optimiert den Austausch von Organismen gegen Geld. Er wird zum Joker, versucht die Rolle des Jokers zu füllen. Zwei Bereiche, zwei Universen müssen aneinandergekoppelt werden. Die ephemere und geistgleiche Ebene der Geldwerte und die solide Materialität der Organismen sollen in Wechselwirkung treten. Ein altes Problem, an dem bereits Descartes scheiterte. Ein Problem, zu dessen Lösung die Occasionalisten Gott bemühen mussten und ihn zum unendlich fleißigen Knecht seiner gespaltenen Schöpfung machten. Ein notwendig zu denkendes Zwischenstück, ohne das es keine Verbindung gibt, das aber im Grund undenkbar ist: Gott eben. Asaf verbindet die Universen, verknotet sie. Ohne ihn hat der Wald nichts mit dem Geld zu tun und umgekehrt das Geld nichts mit dem Wald. In Asaf finden die Inkommensurabilitäten zueinander. Er ist der Austauscher, der ganz selbstverständlich eigentlich Unmögliches leistet.

Doch zwei Universen sind nicht genug. Der Wald soll vielen Ansprüchen genügen. Er soll schön sein, ästhetisch. Soll erholsam sein, den Wasserfluss regulieren, die Luft reinigen, den Lärm abhalten. Er soll reich an Arten sein, Oase auch für die letzten Flüchtlinge. Er soll die Mythen weiternähren, dunkel sein und dennoch freundlich, soll Tiere zum Jagen und Pilze zum Finden beherbergen. Er soll mit Fahrzeugen befahrbar sein und doch wie unberührte Natur erscheinen. Die Menschen hängen ihre Identität ein Stück weit an den Wald ihrer Heimat. Er soll ihre instabilen Seelen also eben dieses Stück weit stabilisieren. (Sei vorsichtig, wenn du deine Hand an meine Identität legst!) Wenn Asaf seine Hand ins Spiel bringt, stört er zig Universen gleichzeitig. Eine einfache Vernunft ist nicht genug, es braucht Vielvernunft.

Er soll die Natur mit den vielen Augen der Kultur und den vielen Augen der Natur gleichzeitig sehen. Jede Rechnung versagt vor dieser Aufgabe, auch wenn es solche Rechnungen gibt. Ohne Verlust trägst du keinen Teil einer Rationalität in eine andere. Wenn du die Universen in eine Gleichung bringst, überführst du Vielfalt und Eigenart in Monotonie und Universalität. So wie du die Äste und Blätter vom Stamm abschlägst, die Stämme entrindest und in Bretter und Balken schneidest, weil nur die sich ins Haus fügen, so entkleidest du die Quantität jeglicher Qualität, weil nur die Quantität in die Rechnung passt. In der Akademie mag man meinen, es würde gelingen. In den Büchern finden sich Lettern und Zahlen und die lassen sich widerstandslos kombinieren. Asaf hat die Akademie längst verlassen und kann nicht widersprechen. Und würde er zurückkehren, um vom Wald zu erzählen, nach Humus und Harz duftend, ich weiß nicht, wie er sich verständlich machen könnte. Unter der sengenden Sonne auf der Lichtung verkrustet das Harz schnell, verliert seinen unverwechselbaren Geruch und der Humus vertrocknet in Windeseile zum losen Staub, der von den Hosen fällt.

Asaf ist ein schlechter Joker oder ein schlechter Zuhörer für die Nachrichten der Joker und ein Gott ist er auch nicht. Ihm fehlt der Überblick. Vieles sieht er nicht und das ist sein Glück. Nur so bleibt er handlungsfähig und verrennt sich nicht in Überlegungen, die kein Ende finden können. Und er hat Helfer. Die Welt ist auf seiner Seite. Die Organismen arbeiten ihm zu. Das Huhn findet selbst sein Korn und legt sein goldenes Ei ohne Anweisung. Die Natur liebt die Produktion. Sie ist vernarrt in das Wachstum. Die Fehler, die er begeht, wächst sie gnädig wieder aus. Mit seiner Axt bringt er den Wald aus seinem Gleichgewicht, das dieser aber ohne Schwierigkeiten selbstständig wiederfindet. Manchmal braucht er etwas länger, aber immer wieder verschließt er den Himmel mit seinen Nadeln und Blättern.

Asaf kann dem Wald nichts geben. Er schließt keines seiner Bedürfnisse, denn der Wald ist sich selbst genug und ohne Asaf am größten. Asaf kann ihn nur kleiner machen. Vom Selbstgenügsamen, Selbstständigen, Stabilen hin zum Abhängigen, Labilen führen. Erst der Bezug zum König gibt seiner Arbeit ihren Sinn und ihre Rechtfertigung. Er ist im Auftrag des Königs im Wald. Draußen müssen Tempel und Häuser gebaut werden, brauchen die Kamine des Palastes Feuerholz. Er gestaltet den Wald nach den Bedürfnissen des Königs und seinem Gefolge. Weil er aber Asaf ist, ein Halbwilder, ein vom Harz Berauschter, ist er immer bemüht um Kompromisse. Er versucht den Bogen nicht zu überspannen, den Wald nicht über seine äußerste Grenze zu schubsen, das Gleichgewicht nicht überzustrapazieren. Aber sprechen wir nicht von Liebe, wo keine ist. Wir dürfen sie vielleicht vermuten: Ich meine, Asaf ist meist, vielleicht auch nur manchmal, ein Liebender und diese Liebe macht ihn schließlich zum Knecht des Waldes bei aller Treue gegenüber dem König. Ich meine, auch wenn die Sonne der Akademie hinter seiner Stirn brennt, lebt doch ebenso ein Stück Liebe in einem dunklen Winkel seines Herzens. Er mag rechnen so viel er will und die Sprache der Akademie rezitieren so oft er kann, das Rauschen der Blätter, zu dem er tanzt, stammt nicht nur von den Seiten der Bücher. Dem König mag er nur Zahlen vorlegen und am Hofe tadellose Umgangsformen zeigen, im Wald versteht er sich und die Welt besser. Er ist der Bote der Kultur, der sich nur zu gern an den Lagerfeuern der Natur wärmt.

Der kluge Umgang mit dem Wald? Wenn du willst, dass etwas, das sich selbst steuert, in eine bestimmte Richtung geht, dann bereite ihm den Weg. Wenn etwas keimt und sich von selbst Bahn bricht, dann bleibt nur, es mit Stumpf und Stiel auszureißen oder aber die Umstände, die sein Werden umspülen, in die Hand zu nehmen und diese, soweit es nötig ist, zu gestalten. Die Umstände sind es, die das Wachstum beeinflussen, es hemmen oder fördern. Je besser man das, was sich von selbst entwickelt, kennt, umso besser kann man die Umstände wählen und steuern, die es beeinflussen. Es gibt keine Steuerung dessen, das sich selbst steuert, das wäre ein Widerspruch. Es gibt aber Verständnis und die diesem Verständnis folgende Dosierung von Zustimmung und Ablehnung, Angebot und Verweigerung, Nahrung und Enthaltung. Das was sich aus sich selbst entwickelt, nimmt aus seiner Umgebung, was ihm passt, gedeiht am ihm Förderlichen und müht sich ab am ihm Hinderlichen. Bei allem Verständnis, wird es dennoch nie gänzlich durchschaut werden können. Es ist sich selbst ja im Werden unbekannt. Es kann Kraft am Hindernis gewinnen. Robust werden an der

Verweigerung. Es kann schwächlich werden am Dünger und ohne Widerstandskraft an der erstbesten Krankheit scheitern. Dennoch hat man Erwartungen ihm gegenüber, ein gewisses Vertrauen. Vertrauen ist nötig bei allem, das man nicht ganz durchschaut, aber nicht links liegen lassen kann oder will. Das Vertrauen kann enttäuscht werden, dass ist sozusagen im Vertrauen enthalten. Gewissheit hat kein Vertrauen nötig. Das Vertrauen, dass etwas Wertvolles entsteht, ist aber die Grundlage und Voraussetzung des Engagements, das man in die Begleitung und Beeinflussung der Entwicklung legt. Ich weiß nicht, ob Liebe mit dem Vertrauen, das etwas Wertvolles entsteht, zusammenfällt. Es erscheint mir zu kalkulierend und damit dem Begriff der Liebe nicht angemessen. Vertrauen stellt aber einen ähnlichen Vorschuss, ein Geben, ohne dass man bereits etwas empfangen hätte, dar. Vertrauen ist ein positiver Umgang mit Unschärfe und Ungewissheit, ein negativer wäre Misstrauen, ein neutraler, aber lähmender, Gleichgültigkeit und Fatalismus. In einer Welt, die nie ganz durchschaubar sein wird, sind Vertrauen, Gleichgültigkeit und Misstrauen unsere Strategien. Wir mögen versuchen, alles Mögliche heranzuziehen, um unseren Umgang mit ihr auf möglichst solide Beine zu stellen, zum Beispiel durch Akkumulation von Reichtum oder Wissen, letztlich fallen wir dennoch immer wieder auf diese Haltungen zurück.

Die Umstände bekommt man nie gänzlich in die Hand. Sie bleiben immer ein Stück weit im Nebel der Unschärfe. Dank den Selbststeuerungskräften ist es aber auch nicht nötig, sie vollständig unter Kontrolle zu haben. Das entlastet. Überhaupt ist die Selbststeuerung der Organismen des Waldes, der Natur insgesamt, eine Entlastung. Wir befinden uns immer noch im Garten Eden. Der Tisch deckt sich von selbst. An den Bäumen wachsen die Früchte von ganz allein und die wenigsten davon sind verboten. Die Fehler, die wir begehen, wachsen sich wieder zu. Ein Korn, das wir aussäen, gewinnen wir mehr als zehnfach zurück. Wir sind in einer glücklichen Lage und wir steigern das Glück unserer Position, indem wir die, die uns beschenken, in ebensolche glücklichen Konstellationen heben. Asafs Auftrag ist es, glückliche Umstände zu schaffen: für die Bäume, die anderen Pflanzen, die Tiere, für den König und seine Vasallen. Es geht um die Vermehrung des Glückes aller. Zahlt jemand die Zeche?

Unser Werkzeug ist die Störung. Damit die Organismen für uns arbeiten, müssen wir sie aus dem Gleichgewicht bringen. Im Wald genügt der Lebenszusammenhang sich selbst. Da arbeitet noch niemand für uns. Wir müssen eine Abweichung schaffen, etwas entziehen, fällen, abhacken. Der Wald wird sich wieder schließen. Die Lücken werden wieder gefüllt. Wir haben ein Wollknäuel und wenn wir Fäden herausziehen, dann füllt sich das Knäuel mit neuen Fäden. Ein Krug voller Wein, ein Korb voller Fische, die sich von neuem füllen, so oft wir auch daraus unseren Hunger und Durst stillen. Das Perpetuum mobile ist eine physikalische Unmöglichkeit, aber eine biologische Realität. Der Wald nährt sich von physikalischen und chemischen Vorgängen, ist abhängig vom Zustrom, ist Teil des Abhangs, den wir Universum nennen. Aber im Schritt vom Wald zu uns, herrscht das Prinzip der Rekuperation, der Wiederherstellung.

Alles ist in Bewegung und strebsam. Jeder Organismus schlägt seinen Bogen vom Keimen und Wachsen zum Verfallen und Vergehen. Vielfach brechen die Bögen vorzeitig ab, werden kurz nach dem Keimen mitten im Wachsen abgeschnitten und einem anderen Bogen integriert. Es wird zertreten, gefressen, parasitiert, befallen, Bögen, die auf Halbbögen, Viertel- und Achtelbögen, Bogenansätzen aufruhen. Das Wollknäuel besteht aus lauter gebogenen Fäden. Wir sehen den Verlauf einzelner Fäden fast einen vollkommenen Bogen beschreiben, öfter sehen wir aber kürzere Stücke, verdeckt von anderen, die darüber liegen. Die Fäden verlaufen kreuz und quer. Die perfekte Gestalt ist ein Knäuel, keine glatte Kugel oder ein Kreis. Hätten die Griechen nur öfter die Städte verlassen, um in den Wald zu gehen, dann wäre ihnen das klar geworden.

Es entlastet, der Selbstheilung vertrauen zu können, sich nicht um die kleinsten Details scheren zu müssen. Wir müssen nur Fäden herausziehen und daraus unsere Kleidung stricken. Entlastung, dieses Gefühl, diese Erleichterung, spürt Asaf wenn er den Wald betritt. Er vertraut dem Wald und seinen Selbstheilungskräften. Im Vertrauen fügt er ihm Wunden zu. Damit er für ihn arbeitet, muss er ihn malträtieren. Asaf ist die Schleuse, die die Stoff- und Energieflüsse aus dem Wald herausleitet und in die Stadt transportiert, an den Hof des Königs. Er ist die Brücke, der Kanal, die Leitung, der Verteiler, der Umschlagsplatz. Er sieht und er handelt nach den Gesetzen mindestens zweier Welten. Er bringt die Anliegen der Stadt in den Wald und optimiert die Dienste des Waldes unter Beachtung der Gesetze des Waldes. Im Idealfall ist er eine elaborierte, raffinierte, vielleicht auch perfide Verfeinerung der Bacon'schen Maxime, sich der Natur zu unterwerfen, damit man umso besser ihr Herr sein könne.

Asaf wandelt auf einem sehr schmalen Grat. Es ist immer gefährlich, der Diener zweier Herren zu sein. Es kann den Kopf kosten, dem König ein Nein entgegenzuhalten, auch wenn es dessen Reichtum vermehrt. Maßhalten kann mühsam sein. Das Knäuel zerfällt, wenn du es zu weit auseinanderziehst. Wenn du die Fäden ordnest, ihre Anzahl verminderst, um ihren Zusammenhang besser zu durchschauen, die Bäume in Reih und Glied pflanzt, die Anzahl der Arten reduzierst, kann es sein, dass dieses licht gewordene Gekräusel zerreißt. Immer kann etwas Unvorhergesehenes auftreten. Die Pläne scheitern nur allzu leicht. Die dünnen Netze vertragen keine schweren Schicksalsschläge. Aristoteles meinte, dass ein Sklave ein Freund sein könne. Zur Freundschaft gehören aber Freiheitsgrade. Der Sklave muss aus sich heraus handeln können, ein Leben führen, das ein gewisses Maß an Freiheit erreicht. Was kann man von jemandem erwarten, der an die Hauswand gekettet ist wie ein Hofhund? Dass er bellt, wenn ein Fremder sich nähert. Nicht aber, dass er die Kinder unterrichtet und einem selbst einen wertvollen Rat gibt.

Asaf geht in den Wald und versteht sich besser. Was kann man in den Wäldern lernen? - trotz aller Gefahren und aller Undurchschaubarkeit zu vertrauen. Eine Passung zu fühlen, obwohl man ohne sein Haus und die Stadt nicht mehr überleben könnte. Zu passen, obwohl der Mensch schon lange nicht mehr in die Natur passt. Ist Asaf ein Museumswärter? Er führt Schulklassen durch den Wald. Er zeigt die Bäume, Pflanzen und Tiere und wird dabei der Liebe in einem dunklen Winkel seines Herzens gewahr, obwohl das Licht der Akademie hinter seinen Augen glänzt und seine Worte allzu leicht akademisch werden. Die Kinder besuchen kurz eine alte Welt, die ohne Belang für die neue erscheint. Dabei sind sie selbst Keime, Organismen, die sich entwickeln, immer ein Stück weit unberechenbar, unbeherrschbar. Die Lehrer versuchen zu bestimmen, was sich selbst bestimmt - ein Widerspruch. Sie können nur ihr

Verständnis optimieren und versuchen, die Umstände so zu gestalten, dass sie günstig ausfallen, günstig für die Kinder und auch für den sozialen Wald der Gesellschaft. Glückliche Umstände herbeiführen, mehr lässt sich nicht erreichen. Zahlt jemand die Zeche?

Damit die Kinder eines Tages Nutzen bringen, muss man sie stören. Man muss ihnen Freiheiten nehmen, ihnen etwas entziehen, das sie aus sich heraus nachschöpfen. Sie werden die Lücken schließen und ihre Produktion vermehrt den Reichtum des Königs. Sind die Menschen auch nichts anderes als ein Wald im Dienste der Stadt? Und wenn dem so wäre, wer ist der Asaf dieses Waldes? Sind all die Lehren vom Umgang mit dem Wald auch Lehren für den Umgang mit Menschen? Und was ist die Stadt, wenn die Menschen ihr Wald sind, den sie ausbeutet? Geht ein Riss durch die Menschen, der zwischen Wald und Stadt? Wenn dem so ist, dann steht Asaf inmitten des Risses. Er dient der Stadt im Menschen, der Kultur, und unterwirft die Natur im Menschen nach den Gesetzen der Natur. Im Idealfall ist er eine elaborierte, raffinierte, vielleicht auch perfide Verfeinerung des Umgangs mit sich selbst.

Schwarm

Wir Menschen sind wie Bäume. Wir beziehen alles auf uns. Wir wachsen oder kümmern, besetzen den Raum aus einem Zentrum heraus, so weit es geht, so lange, bis unser Reich an das von anderen stößt. Das hervorstechendste Merkmal der anderen ist, dass sie uns Grenzen setzen und unser Wachstum hemmen. Wir akkumulieren. Wir sammeln Dinge, stapeln sie um uns herum und versichern uns auf diese Weise darüber, wer wir sind. Die Welt liegt wie ein Mühlstein um unseren Hals oder wie ein Strahlenkranz um unser Haupt. Sie wandelt ihr Gewicht, ist aber nie mehr als unsere Bühne. Wir sind das Zentrum, die Mitte der Seifenblase.

Wir sind wie Wölfe, beweglich, einander aufsuchend oder ausweichend, anschmiegsam und tödlich. Wir jagen oder fliehen, sind zutraulich oder verängstigt, hassen oder lieben. Wir beziehen uns aufeinander. Wir leben in Gruppen und schützen uns gegenseitig. Wir verteilen unter uns Aufgaben. Wir profitieren voneinander. Wir erobern und besetzen ein gemeinsames Reich. Wir kämpfen aber auch gegeneinander und vor allem gegen andere Gruppen. Zeit und Raum sind labyrinthisch, bestehen aus verlockenden und abstoßenden, mitreißenden und schwer oder unmöglich zu durchdringenden Bereichen. Wir folgen Wegen und wechseln die Aufenthaltsorte. Wir bewohnen Teile der Welt und bereisen andere.

Wir Menschen sind bunt und undurchschaubar, selbst für uns selbst. Wir sind Baum, Wolf und Mensch. Unsere Identität

180

wechselt, je nach Situation. Aus dem Reservoir unserer Möglichkeiten spülen immer wieder andere Aspekte nach oben. Wir sind Produkt der anderen und produzieren andere. Wir schaffen uns Ordnungen, profitieren von ihnen, nutzen sie, werden von ihnen benutzt und erleiden sie. Wir überbringen anderen unsere Ordnungen als Geschenk oder als Fluch. Die Ordnungen sind unsere Götter, aber wir können nicht anders, als uns gegen sie zu versündigen. Die Joker flüstern uns ins Ohr, diese kleinen Teufel.

Wir Menschen sind barocke Gestalten, voller Schattierungen, Gold und Farbe. Die Unschärfe, der Glanz, das Flickwerk, das macht uns aus. Wir sind Naturwesen, ausgestattet mit allen Kräften und Schwächen der Natur. Wir sind innerlich wie ein Wald, eine gewachsene Ordnung aus Kräften und Zentren, niemals stillstehend, sondern ständig in Entwicklung begriffen. Wir sind der von Tieren bevölkerte Wald, je nach Situation, verteilen sie sich anders in unserem Innern. Wir folgen den Gesetzen von Wachstum und Positionsänderung. Stillstand bedeutet Tod. Aber auch die Zusammenschau der Menschen, die Gesellschaft, ist eine gewachsene Ordnung, ein Wald aus Kräften und Zentren. Wie die Tiere im Wald orientieren wir uns in deren Innern, suchen Nischen, die günstigen Räume und Kräftekonstellationen.

Wir sind wie Borg, an Technik gekoppelte Menschen, sind Natur, Kultur und Technik, sind techno-bio-psychische Lebewesen. Die Stadt ist die Hardware, in der wir fluktuieren. Wie erhitzte Teilchen rasen wir durch die Straßen, steigen in den Aufzügen die Hochhäuser hinauf, setzen uns vor die Bildschirme und produzieren Zeichen. Wir speisen unsere Zeichen in den Zeichenraum ein. Wir füttern damit das Schwarmbewusstsein, an dem wir saugen und wiederum unseren Geist nähren.

Wir reisen oft selbst, doch meist schicken wir nur die Zeichen auf Reisen. Zeichen sind an Materie gebunden, sei die Materie auch noch so dünn und leicht, ephemer wie elektrische Ladungen. Je schwerer die benötigte Materie wiegt, desto schwerfälliger verläuft die Kommunikation. Wir selbst brauchen eventuell Tage, um weiter entfernte Zielorte zu erreichen, genauso Briefe und Pakete. Das Internet, aber auch jedes andere Medium der Telekommunikation, beschleunigt den Zeichenaustausch und überwindet den üblichen Raum. Es rekonfiguriert die Welt. Es ist nicht wichtig, wo sich jemand befindet, wichtiger ist, dass ihm die Technik zur Verfügung steht, mit der er diesen Hyperraum betritt und in dem er den alten Raum von seiner Psyche abschütteln kann.

Die Beweglichkeit und Schnelligkeit des Informationsaustauschs ist eine Potenzierung des römischen Prinzips. Rom, die Bewegung, gewinnt in der Natur. Sie sitzt dem Wachstum auf. Serres würde sagen, sie parasitiert. Ihre Beweglichkeit macht es möglich, dass sich die Tiere von vielen, an verschiedenen Orten fixierten Pflanzen nähren können. Sie sind wie Trichter, die die von den Pflanzen akkumulierte Substanz durch sich durchschleusen, viel Substanz verdauen, aber wenig akkumulieren. Die aufgenommene Materie wird größtenteils in Bewegungsenergie umgewandelt. Das Wachstum muss sowieso begrenzt werden, damit die Beweglichkeit erhalten bleibt.

Die Städte sind Produkte von Akkumulation und Bewegung, sind deren Niederschlag und Kanalisation. Der Schwarm erschafft sich sein Nest. Der in ihm enthaltene funktionelle Zusammenhang materialisiert sich in Beton, Asphalt, Verkehrsmitteln, Kabeln, Sendern und Empfängern. Wie Schlachtschiffe schwimmen die Städte im Landmeer. Wie schwarze Löcher nehmen sie Güter in sich auf. Wie große Lungen atmen sie Menschen ein und aus. Ihre Existenz, ihre Identität, verdankt sich der Verknotung von Fäden, die ihr von überallher zulaufen, sich in ihr, zu ihr verschlingen und ihr dann wieder entfliehen. Fäden, die verschiedenen Dimensionen entstammen, die sich gegenseitig stören und anfeuern.

Die Wolkenkratzer multinationaler Firmen sind die neuen babylonischen Türme. Sie symbolisieren die Akkumulation. Es geht immerfort um Wachstum. Das Unternehmen muss wachsen, sonst stirbt es. Wird geschrumpft, dann nur, um in einem neuen Anlauf schneller zu wachsen. Gesundschrumpfung im Dienste der Vitalität. Rom aber, also der Transport, sei es von Gütern oder von Information, dient dem Wachstum. Um schneller zu wachsen, muss der Transport ständig beschleunigt werden. Die Firmen, die Machtbereiche unserer Zeit stoßen aneinander, so wie die Bäume im Wald und doch nicht genauso. Sie stoßen nicht im Raum aneinander. Sie berühren sich im Hyperraum des

Marktes. Der Markt ist ein nichträumlicher Zusammenhang, der manchmal räumlich dargestellt werden kann. Am weitesten dehnt sich das babylonische Imperium aus, das seine Transporte am schnellsten beschleunigt. Die Zeit ist kein Maß mehr, sie ist ein Produktionsmittel geworden. Ein Kampfstoff, den man gegen den Gegner einsetzt.

Der Schwarm schafft sich einen Körper, gießt sich in Beton und Stahl. Gebäude und Verkehrswege sind seine Organe und Organsysteme. Der Schwarm inkarniert in der Stadt. Es ist keine Karnation, denn verschwindet die eine Stadt, kann er sich eine neue erschaffen. Die Stadt wird aus dem Schwarm geboren. Der Schwarm selbst wiederum entstammt uns und anderen. Der Schwarm ist nichts anderes als der Wald aus anderen. Er entsteigt den Beziehungen zwischen den Menschen. Er ist die Sprache. Er ist das Soziale. Er gewinnt Eigendynamik und Charakter, ist Produkt und Produzent. Der Schwarm parasitiert uns und wir parasitieren ihn.

Längst ist er zu einer Größe und Komplexität herangewachsen, die wir nicht mehr durchschauen können. Wir müssen uns vereinfachte Modelle basteln. Wir können nur vertrauen, misstrauen oder ihm gleichgültig und fatalistisch gegenüberstehen. Wir müssen uns im Groben, in der näheren Umgebung, zurechtfinden - das reicht. Wir müssen ihn nur soweit verstehen, dass wir überleben. Meist reicht es sogar, um gut zu leben. Die Arbeit im Detail, die Kette aus Wandlungen, die die Systeme verbindet, erledigen die Joker für uns. Meist sind sie uns wohlgesonnen.

Wir haben immer noch nicht verstanden, wie verschiedene Ordnungen ineinandergreifen. Wie haben verschiedene Götter nebeneinander Platz? Hätten wir den Polytheismus ernst genommen, hätten wir uns vielleicht schon früher mit diesem Problem beschäftigt. Wohlgemerkt, es geht nicht um schwache Götter, sondern um allmächtige Götter. Um Götter, die alles unter ihre Ordnung bringen. Es geht um Parallelwelten, die in der gleichen Welt koexistieren. Es geht um den Gott der psychischen Welt und den der materiellen Welt. Es geht um den ästhetisch-, den praktisch- und den reinvernünftigen Gott, es geht um die pluralistischen, postmodernen Götter. Es geht darum, dass wir keine Menschen mehr wären, würde nur einer dieser Götter absolut herrschen. Es geht darum, wie wir heil herauskommen, aus dem Dilemma, verschiedenen Göttern dienen zu müssen, von denen jeder keinen anderen neben sich duldet.

Eine weltliche Handlung stört tausende göttlicher Ordnungen. Ein Gottesdienst bedeutet einem Gott zu huldigen und Frevel an tausend anderen. Wie kann man von einer Gesellschaft als System reden, wenn sie in viele funktionale Systeme zerfallen ist, die sich gegenseitig nur als Störungen beziehungsweise Anfeuerungen kennen lernen. Wir haben es erneut mit Uexkülls Problem der Seifenblasen zu tun, die sich eine Welt teilen müssen. Wir haben das Problem überbordender Komplexität und der Unvereinbarkeit verschiedener Perspektiven. Wir stehen im Wald. Es entsteht eine Musik, eine Harmonie, punctum contra punctum, oder ein Missklang. Immer aber ein Geschehen, Vorgänge, Abenteuer, Leid und Freude, ein barockes Erlebnis, das manchmal auch grau erscheint. Wir tragen keine volle Verantwortung. Niemand kann fordern, was nicht leistbar ist. Uns kann keine Schuld treffen. Nicht einmal die Götter sind schuld. Es ist wie es ist. Uns bleiben nur die Optionen, alldem zu vertrauen, zu misstrauen oder gleichgültig gegenüberzustehen.

Wir befinden uns im Nest. Wir sind geschützt. Alles erreicht uns gefiltert. Die Lebewesen reichen uns mundgerechte Stücke zu. Die anderen machen wohlschmeckende Speisen daraus. Sie geben uns auch das Denkbare. Sie geben uns die Formen, die wir brauchen, um wie sie zu werden. Wir finden uns ein und finden unseren Platz. Tausend Arme behüten uns, reichen uns Dinge zu, wiegen uns in den Schlaf. Wir geben das gerne zurück. Wir halten uns gegenseitig, sind ineinander verflochten. Niemand kann dem entrinnen.

Wirklichkeit visitieren

Die Wirklichkeit zu visitieren ist anstrengend. Nachdem die Entscheidung getroffen wurde, einen Ort aufzusuchen, was selbst schon einiges an Zögern, Überlegen und wenn es die Koordination mit anderen betrifft, auch Besprechungen oder Schriftverkehr nötig macht... - nachdem also der Entschluss gefasst wurde, der seinen eigenen Zeitaufwand benötigt, müssen Vorbereitungen getroffen werden. Der Vorgang muss geplant werden. Man braucht ein Transportmittel. Man wird Arbeitszeit verbrauchen. Wird sie wirklich ökonomisch eingesetzt, wenn man das Büro verlässt, in dem doch alle Kommunikationskanäle enden, die sonst benötigt werden? Ist es klug den Telefonapparat, den Computer und dessen Anbindung an das lokale und globale Netzwerk zu verlassen, die Datenbanken mit ihrer Informationsfülle zurückzulassen, die Lichtgeschwindigkeit der Informationsübertragung gegen die im Vergleich unverhältnismäßige Langsamkeit der Transportmittel und der Schritte umzutauschen? Auch das mitgenommene Handy oder Notebook schließt die Lücke nicht vollständig. Man hängt an einem dünnen Faden am Netz. Und würde man, was wohl irgendwann der Fall sein wird, mit den mitgenommenen Apparaten, die vollkommene Einbindung in die Netze und an die Informationen erhalten, so hätte man eben das Büro nicht wirklich verlassen. Irgendwann, wenn man dann vor Ort ist, wird man die Aufmerksamkeit den schwerfälligen Dingen zuwenden müssen und eine mühsame Detektivarbeit beginnen. Man wird auf die Entwicklungsstufe des Jägers und Sammlers zurückfallen. Spuren deuten müssen, die nicht als Zeichen gedacht waren, schwitzend Informationen aus der Materie herausbrechen müssen, seine Zeit in einen Sumpf gießen, in dessen trübem Morast deren Klarheit rückstandslos verschwindet.

Wenn der Kapitän seine Brücke verlässt, um an Land zu gehen, ist das ein rationales Vorgehen? Seine Fähigkeiten, die mit einem teuren Gehalt gekauft wurden, sind auf der Brücke am effizientesten eingesetzt. Vielleicht holt er sich an Land eine Erkältung. Vielleicht bricht er sich ein Bein. Vielleicht wird er von den Wilden überzeugt, in ihrem Paradies zu bleiben und er kehrt nicht mehr auf das Schiff zurück. Die Kapitäne meutern immer am leichtesten. Sie müssen schließlich weiter blicken als nur bis zum Steuerrad oder in die Takelage. Nur wenn es gelingt, sie in die Maschinerie des Flottenverbandes so einzufügen, dass diese alles für sie wird, gehen sie in ihrer Funktion auf. Wehe, wenn mehr als die Funktion sichtbar wird. Wehe, die Fragen beginnen.

Die lange Autofahrt, die vielen Schritte, das Sich-Hinunterbeugen, das Im-Dreck-Wühlen... Was soll das bringen? Was man dort gewinnt, ist strittig, ist zu roh und krude, als dass es direkt in die vorgesehenen Systeme passen würde. Es kann so und anders interpretiert werden. Es ändert sich mit der Zeit. Der Wald ändert seine Aspekte über das Jahr. Das Erscheinungsbild der Vegetation wandelt sich. Mal regnet es, mal scheint die Sonne, mal fällt sanft der Schnee oder wütet der Sturm. Die Spuren, die man findet, können zu unterschiedlichen Zeichen transformiert werden. Zeigt diese Pflanze die potenziell natürliche Vegetation an oder wächst sie hier als Ergebnis einer Störung des Ökosystems? Ist der tote Baum ein Zeichen der Krankheit oder der Gesundheit des Waldes? Werden die anderen mir glauben? Fügen sich die Daten in die bisherigen Informationsbestände ein? Und falls dem nicht so ist – gewinnen die bisherigen Daten oder diese neu erfassten Aspiranten, die noch vor der Schwelle zum akzeptierten Datum stehen, die auch bloße Ausreißer oder Aufnahmefehler sein könnten und damit irrelevant? Wir haben alte Aufzeichnungen aus den Zeiten, da Wissenschaftler noch wie Bauern waren und sich an die Dinge hielten. Es ist einfacher, all das von ihnen Geschriebene zusammenzutragen und in eine Datenbank zu werfen, mit statistischen Werkzeugen daraus Modelle zu errechnen. Wer ein Modell hat, kommt mit weniger Parametern aus. Aus der Vielzahl der Variablen braucht man nur noch die unabhängigen. Wir brauchen nur noch die Niederschläge und den Temperaturverlauf und wissen so, wie der Wasserhaushalt im Wald übers Jahr verlief. Wir wissen, wie die Pflanzen reagieren und können sagen, zu welchem Zeitpunkt der Wald wie sich darstellt, ohne dorthin zu gehen und ihn wirklich anzusehen.

Keine mühsame Spurensuche mehr, kein Verlassen der Brücke. Wenn draußen vor dem Büro geforscht wird, dann nur noch zu Übungszwecken für die Studenten oder zum Entwickeln von Modellen, die dieses Forschen irgendwann überflüssig machen werden. Es geht darum, die Wirklichkeit ins Informationsuniversum hineinzuholen. Nicht um sie möglichst genau abzubilden, so wie eine Karte im Maßstab 1:1 (was sowieso unmöglich wäre), sondern, um sie ausreichend handhabbar zu machen, damit es in Zukunft nicht mehr nötig ist, sich die Hände schmutzig zu machen. Wir waschen unsere Hände in Unschuld. Und überlassen die Wirklichkeit... ja, wem eigentlich? Auf den Bildschirmen stellt sich die Wirklichkeit im vollendeten Zusammenhang dar, alle Störungen beseitigt, alle Unebenheiten geglättet. Die Karten der Wälder erstrahlen in nie gekannter farbiger Schönheit. Im harmonischen Farbklima der Erkenntnis dargeboten, offener als je ein Buch es hätte sein können. Die Satelliten kreisen um die Erde und erfassen deren Antlitz immer genauer. Über alle Spektren des Lichts hinweg, auch die für unsere Augen unsichtbaren. Aus der Ferne erhält man die besten Daten, die am besten in die Maschinen fließen, weil sie ja bereits von Maschinen gemacht werden. Maschinen erheben die unabhängigen Variablen und über die Modelle sehen wir, wie die Wirklichkeit da draußen reagiert oder wie sie reagieren wird. Überhaupt verdrängen die Maschinenaugen immer mehr unsere eigenen. Immer mehr können sie immer besser, immer automatischer erfassen. Die Schnittstelle Mensch wird immer überflüssiger. Die Maschinen übernehmen selbst, ganz automatisch, die Umwandlung der Spuren in Zeichen. Die Modelle als hellseherische Krücken gedacht, werden mit immer feinerem Sensorium ausgestattet. Was ehemals berechnet wurde, kann nun oft direkt über das Maschinenauge erfasst werden. Maschineninput kann mit Maschinenoutput verglichen werden. Es entstehen Informationsregelkreise, die genutzt werden können, um den Modellkörper immer weiter zu verbessern.

Die Modelle werden zu sich selbst optimierenden Erkenntnisorganismen. Und der Wissenschaftler, begeistert von diesem von ihm geschaffenen Tier, zieht sich immer mehr aus dessen Gliedern zurück. Früher war er wie der Gott der Occasionalisten. Er griff ein, um die Komponenten aufeinander abzustimmen. Er war selbst die Verbindung zwischen verschiedenen Teilsystemen. Er verband manuell die verschiedenen Geister der verschiedenen Modelle. Aber fleißig baute er seine Brücken, verbesserte Sensorien und mathematische Gleichungssysteme und schließlich wird er irgendwann die Welt in das Informationsuniversum übersetzt haben. Es wird eine einfachere Welt sein als die wirkliche, aber eine komplexere als die, die sein Geist erfassen könnte. Weil er diese simulierte Welt aus eigener Kraft nicht mehr durchschauen kann, wird ihm nichts anderes übrig bleiben, als ihr zu vertrauen, so wie er es früher bezüglich der wirklichen Welt halten musste. Vielleicht wird er sie erforschen, so ähnlich wie er heute noch die wirkliche Welt erforscht. Vielleicht mit einfacheren Modellen das komplexe Simulationsmodell simulieren. Wollen wir hoffen, dass er die Simulation ausreichend streng an die Wirklichkeit koppelt, dass sich die Simulation ausreichend am Prüfstein der Wirklichkeit reibt, beide Universen nicht auseinanderfallen und wir alle nicht in den Abgrund zwischen den beiden Welten stürzen.

Wahrscheinlich ist diese Befürchtung jedoch völlig unbegründet. Denn Wirklichkeit und Modell können nicht völlig auseinanderfallen, da die Simulation, sofern sie eine gute ist, einen Teil der Wirklichkeit ausmacht. Nicht nur, weil sie über ein Sensorium an die Wirklichkeit gebunden ist, sondern auch, weil sie Konsequenzen für die Wirklichkeit hat. Wir richten unser Handeln nach ihr aus und auch das automatische Handeln daran gekoppelter ausführender Systeme. Damit spielt die Simulation in der Wirklichkeit eine bedeutsame aktive Rolle, die in der Simulation selbst abgebildet werden muss. Sie wird rekursiv. Natürlich muss auch die Rekursion berücksichtigt werden, was das Modell wiederum rekursiv-rekursiv macht und das wird nicht die letzte Schleife gewesen sein. Die Simulation, als vereinfachte, aber ausreichend komplexe Nachbildung der wirklichen Welt gedacht, macht die Welt komplexer und vergrößert dadurch immer wieder den Abstand zwischen der Komplexität der Simulation und der Komplexität der Welt mit eingebauter Simulation. Jeder Schritt der Annäherung entfernt zugleich. Der

Dschungel der Stadt ersetzt nicht den Dschungel der Natur, sondern beide bilden eine Summe, vielleicht sogar ein Produkt oder eine Potenzierung, denn wer weiß schon, wie Dschungel sich zueinander verhalten und welche Vervielfachung der Probleme eine doppelte Wildnis mit sich bringt.

Außerdem ist es blauäugig zu meinen, dass nur ein einziges Modelltier die Welt simulieren, sozusagen nur eine, wenn auch komplexe Erkenntnis, die eine Welt repräsentieren wird. Das wäre das erste Mal, dass nur ein Tier den Garten Eden bevölkert, die Evolution nur einen Organismus hervorbringt. Immer ist mehr möglich. Und die vielen Kräfte, die heute die Modelle errichten, werden niemals nur eines Geistes sein. Die Wege begannen von verschiedenen Ursprüngen aus und die Fundamente gestalten den Bau bis unter das Dach mit. Verschiedene Interessen und verschiedene Erfahrungen lassen andere Zimmeraufteilungen entstehen, andere Möblierungen, andere Verbindungsgänge und Fenster. Viele unterschiedliche Gebäude werden für das eine Welthaus stehen und die Baumeister über deren Eignung streiten. Die Voraussagen, die aus den jeweiligen Gebäuden heraus getroffen werden, werden unterschiedlich ausfallen und wieder wird der einzelne Mensch ratlos sein und aus dem Bauch heraus, irrational, sich für eine dieser Rationalitäten entscheiden müssen. Glücklich der, der im Vertrauen sein Misstrauen bewahrt und von einem Schiff zum anderen wechseln kann, wenn er dessen Route nicht mehr gutheißen kann.

Aber längst vertraut niemand mehr nur einem Schiff. Wahrscheinlich waren es schon immer viele Schiffe, viele Werkzeuge, die je nach Bedarf verwendet wurden. Das Streben nach dem einen Haus, das möglichst viel umfasst, ist ein Relikt aus alten Tagen. Ein alter Traum, der nur noch aus Gewohnheit zitiert wird, aber im Grunde nicht mehr geträumt wird.

Platz für mehr

Das Außen - wir sind randvoll mit Sehnsucht nach dem Außen. Der Mensch ist das Wesen mit den meisten Händen. Die Möglichkeit von Außenbezügen erreicht in ihm ein Maximum. Er ist der wahre Kopffüßler, nein Kopfhänder, ja Kopfgreifer. Wir können mehr erfassen als die meisten Organismen. Wir haben die Notwendigkeit überschritten und nun Platz zum Spielen. Das Gehirn ist (nach Roth) vom knechtischen Dienst der Selbsterhaltung ein Stück weit befreit und kann sich nutzlosen Gedanken widmen, kann sich den Freuden des Erkennens und Durchschauens hingeben, ohne sofort einen Nutzen für das Überleben daraus ziehen zu müssen.

Die Freiheit geht folgenden Weg: In einer ersten Stufe befreit sich der Bios von der Physik und widersteht der Entropie. In einem weiteren Schritt befreit sich der Neurobios vom Bios und nimmt sich Zeit zum Spielen. Die Physik gilt weiter, der Bios lebt weiter, aber es besteht die Möglichkeit, sich zeitweilig abzuwenden. Für eine Lebensspanne, entgeht der Bios der Entropie, für ein paar Momente, vielleicht auch länger, wird ein Stück des Neurobios für Fantasie und Spiel befreit. Wir können uns alles Mögliche ausdenken. Wir können uns in die verschiedensten Richtungen entwerfen. Wir können unsere Zeit mit Philosophie und Religion vertun. Wir haben sogar Platz für Gott.

Die Welt ist nie ganz durchschaut. Wir vermuten, da ist immer noch mehr Sinn und Gesetzmäßigkeit, als wir bisher erfahren haben. In uns steckt mehr, als wir bisher geworden sind. In uns wirkt eine unerschöpfliche Quelle und ein unstillbarer Durst. Es gibt so viele unerreichbare Ziele, die uns zu sich ziehen. Trotz aller Ferne schenken sie uns Orientierung und dank der Unerreichbarkeit spüren wir ständig den Stachel des Mangels in unserem Fleisch.

Die Welt und der Mensch ist dem Menschen nicht genug. Weil wir uns immer als unfertig empfinden müssen, als noch nicht ausgeschöpft, immer mit einem Mangel im Herzen, deshalb haben wir den Traum von der Fülle, der Vollständigkeit, der Vollkommenheit. Aber nur festgelegte Wesen können vollkommen werden. Ich kann mir einen perfekten Baum, eine vollkommene Bakterie oder einen fehlerfreien Wolf vorstellen. Der perfekte Mensch ist jedoch ein Unding. Er hat keinen festgeschriebenen Rahmen und jede Perfektion in einer Richtung, wird durch Mängel in der Erfüllung anderer möglicher Entwürfe entwertet. Man mag einen perfekten Bäcker oder Maurer finden, ein vollkommener Mensch wird nicht darunter sein.

Die Gegenwart geht uns ständig zum Teil verloren, denn unsere Sehnsucht wohnt in der Zukunft. Wir sind im Werden begriffen. Das was wir geworden sind, erscheint uns bald unansehnlich und wenn wir in ihm verharren, zerrinnt es uns zwischen den Fingern. Das Gewordene kann nur im Werden bewahrt und aufgehoben werden. Die Bewegung ist der Kern unseres Daseins. Wir stehen niemals. Wir sind auf Treibsand gebaut. Wir sind wie die Haie, die zu Boden sinken, wenn sie aufhören zu schwimmen. Alles Lebendige muss in Bewegung bleiben, um nicht zu zerfallen. Das ist ein Lebensgesetz, ein Bios-Logos, der auch unsere Entwicklungsfreiheit regiert. Der Spielraum, den wir erobert haben, trennt uns nicht wirklich von den anderen Organismen.

Jedes Molekül unseres Körpers wird in unserem Leben mehrmals ausgetauscht. Die Atome verlassen uns wie die Ratten das Schiff, aber immer nur, um neuen Ratten Platz zu machen, bis zum Schluss. Wir sind ein Fließgleichgewicht, als Mensch und als Organismus. Wir bringen es bestenfalls zur scheinbaren Fixierung in einer Momentaufnahme. Um unsere Identität festzuhalten, braucht es die infinitesimal dünnste aller möglichen Zeitschnitte. In uns fließen Ströme, Flüssigkeiten. Wir atmen ein und aus. Wir bilden Zellen und stoßen sie ab. Wir fließen und sogar unser

Flussbett ist fließend, verändert ständig seine Form. Wir wachsen, sind Embryo, Säugling, Kind, Jugendlicher, Erwachsener, Greis. Wir verlieren Atome und verschwinden dennoch nicht. Wie oft haben wir uns schon selbst abgestoßen, uns gehäutet. Wo liegen überall die Atome verstreut, die Teil von uns waren? Finden sich in diesem Moment einige davon in dir integriert? Darf ich dich zu einem zehn-hoch-zehnten Teil Bruder oder Schwester nennen? Bist du zu einem zehn-hoch-zehnten Anteil ich? Wie eng bin ich in die Welt verflochten, da die Welt durch mich fließt und ich durch die Welt fließe. Und egal, was ich werde (und werden muss ich immer), ich werde es in der Auseinandersetzung mit der Welt und im Anhalt an ihr. Ich bin ihr Medium und sie hinterlässt in mir Spuren, so wie sie mein Medium ist, auf das ich einwirke. Wir teilen das Werden. Wir werden zusammen und damit überträgt sich unser Ungenügen auf sie, infiziert sie wie eine Krankheit.

Pakt und Widerstreit

Die Strömung reißt uns mit sich. Strudel fangen uns zeitweilig, spucken uns wieder aus. Uns spült es zur Seite. Wir stoßen an die Uferböschung, drehen uns um uns selbst und treiben wieder in den Fluss hinein. Es zieht uns ruckartig nach unten, stößt uns nach oben. Wir treiben, schlingern, kreisen spiralförmig flussabwärts. Wir sind verzweifeltes, hoffendes, resigniertes, apathisches, hektisches, fatalistisches Treibgut. Opfer eines unerbittlichen Mediums. Fortgespülte Fremdkörper. Es ist, als ob die Natur sich säubern wollte und all den Dreck in den Flussdärmen zur Ausscheidung bringt. All die treibenden, kämpfenden, verlorenen Organismen am Ort ihrer Quelle entnimmt, in ihren universalen, allseitigen Würgegriff nimmt, den manche für eine Liebkosung halten, und ohne Gnade dem großen Abgrund zuführt, dem Wasserfall, der den Bogen des Lebens vollendet, indem er ihn auf dem felsigen Grund zerschellen lässt. Wir haben keine Wahl. In ruhigen Momenten schwimmen wir vielleicht rücklings und blicken in die Sterne, hinauf zum sanften Mond. Wir lassen unseren Geist schweben über den Wassern. Wir lullen uns ein mit einem Schlaflied: "Der Geist sah, das es gut war." Manchmal blicken wir auch in die sengende Sonne, reißen wütend die Augen auf, trotz brennenden Schmerzes, sehen ein Über-Uns, das ewiglich scheint, das zumindest in immer neuen Bögen wiederkehrt, während wir in einem einzigen Wurf verschleudert werden. Unsere Gedanken, die immer ohne Alter bleiben, die nicht glauben können, dass dieser Fluss stärker sein soll als ihre unverwundbare Präsenz im Moment, verflüchtigen sich fortwährend. Wir verfluchen die

Sonne, geben ihr die Schuld, dass wir ein Ende haben. Ich wüsste keinen besseren Adressaten, keinen Verantwortlicheren für das Unvermeidliche als den Sonnengott. Dem Mond aber kann man sein Leid klagen und von ihm Trost erhoffen. Er ist wie die Sehnsucht, die nur sanft an der Seele zieht, sie dadurch erhebt ohne sie zu zerreißen - Morna.

Ikarus klebt hektisch grob gerupfte Federn mit dreckigem Wachs, das er in einem verrußten Topf über dem Feuer erwärmt, auf ein Gestell aus Ästen. Alles gestohlen, von den Gänsen, den Wildbienen und den Krüppelkiefern am Strand. Er kann nicht mehr warten. Er will diesen verfluchten Staat verlassen, abheben und ihn zum verschwommenen Hintergrund werden lassen, damit seine eigenen Konturen endlich hervortreten können. Er sieht sich schon zwischen den Wolken schweben. Er will wie die Adler sein, oder noch besser, wie die Geier, die Meister des Schwebflugs. Alles ist dafür recht. Das Plagiat der Technik des Vogelflugs, der Raub an der Natur, der grobe Umgang mit ihr ohne Rücksicht auf Schönheit und Wert. Die Sonne hat ihn gerufen. Sie ist der Fluchtpunkt seiner Gedanken. Sie ist das Gute und Schöne, das alle Dinge auf der Erde wie Dreck erscheinen lässt. Wenn er nur all seine Sinne verschließen könnte, um ganz bei ihr zu sein, diesen kitschig bunten Rand wegdrücken könnte, um sich ganz dem Licht hinzugeben. Die Welt ist Ablenkung, Maya, Schmerz. Das einzige Ziel von Wert ist das Verlassen dieser Welt. Der Bogen muss hinaufgebogen werden oder fortgeworfen, bevor die Natur in zerbricht. Es geht darum, eine Leiter zurechtzuzimmern, auf ihr hinaufzusteigen und sie dann wegzuwerfen, weil sie unnütz geworden ist: Sublimierung, Transformation in Vorstellung, Sprache, Information, Theorie, Modell, Wissenschaft, Abstraktion, Wegdenken, Elevation, Erhebung. Wir alle sitzen vor unseren flackernden Sonnen, blicken gebannt auf das Licht hinter Glas. Wir tippen die Abstraktionen, berechnen die Modelle. Der Bildschirm ist der wahre Spiegel, er zeigt unser eigentliches Sein. Er ist das Gute und Schöne, das den bunten Rand vergessen lässt. Dieser Rand, der nichts anderes als Kitsch ist, die Postkarte aus dem Urlaub, die Ablenkung. "Dein Licht leuchte ihnen!"

Ikarus will die Natur mit Mitteln aus der Natur überwinden. Und wirklich, er fliegt. Er sieht Daedalus mit seinen majestätisch anmutenden, engelsgleichen Schwingen verschwinden. Sein Vater verwendete Schwanenfedern und stabiles, leichtes Tropenholz, mehrfach gereinigtes, süß duftendes Bienenwachs. Er ist bereits weit weg, so unwirklich. Wie ein Traum, dem man folgte und hinter dem die Verwirklichung immer zurückbleibt. Vielleicht gab es ihn nie. Er war nur aus Gedanken geknüpft, die Theorie, deren fehlerbeladene Exemplifizierung seine groben Flügel sind. Doch er fliegt, mühsam, aber immer höher, der Sonne entgegen. Der Mensch ist der Übergang von Tier zu Engel. Er ist die Schwelle, die sich selbst überschreiten kann. Der Berg ruft ihn. Und er klettert wie ein Affe hinauf, wie es auch Engel tun würden, die ihrer Flügel beraubt wurden. Immer wieder die Elevation. So wie Aristoteles' Seelenberg, auf dem er von der vegetativen über die animale zur rationalen Seele hinaufsteigt, um von den Göttern ausgelacht zu werden. Ikarus fliegt seinem Gott entgegen. Er hat den Bogen hinaufgebogen, ihm einen anderen als den vorgesehenen Verlauf gegeben. Er legt mehrere hundert Meter auf dem zu diesem Zeitpunkt 149.597.870.000 Meter langen Weg zur Sonne zurück. Beeindruckend und lächerlich zugleich. Ein großer Schritt für Ikarus, ein kleiner für das Universum. Die Legende besagt, dass die Sonne das Wachs zum Schmelzen bringt. Die Federn trudeln einzeln, dann büschelweise zur Erdoberfläche. Ikarus bemerkt nicht, dass seine Mittel versagen, denn er sieht nur das Ziel. Ikarus wird verraten. Doch von wem? Lässt ihn die bestohlene Natur im Stich? Oder ist es die Sonne, die eifersüchtig und heimtückisch sein Unternehmen vereitelt? Hat die Theorie versagt oder ihre unzulängliche Exemplifizierung? Ikarus treibt unaufhaltsam auf den Wasserfall zu. Den Fluss hat er nie verlassen. Die Strömung hat ihn gepackt, der Strudel zieht ihn nach unten. Der Bogen stürzt zum felsigen Grund und Ikarus liegt zerschlagen zwischen den Steinen. Bald wird es Nacht und der Mond wird scheinen.

195

Leben und Tod

Ins Leben geworfen, zu Grabe getragen. Die Endpunkte dessen, was wir unser eigen nennen dürfen, gehören uns nicht. Andere besorgen die Umstände und bewegen uns. Der Tod ist kein individuelles Ereignis, genauso wenig wie die Geburt. Beides gehört uns nicht und nicht einmal die Illusion von Privatheit ist möglich. Anfang und Ende sind unserer Psyche fremd, so wie alles, was nicht Teil der Psyche, nicht psychisch ist, ihr auf immer fremd sein wird. Wir haben nur die Bilder, die wir uns davon machen, doch am Beginn und am Ende der Existenz scheitern selbst die Bilder, ist unsere Wahrnehmung stumm, gibt es keine glaubwürdigen Geschichten mehr. So hören wir also die Märchen, akzeptieren die schreienden Säuglingsleiber als Punkt, auf den man zeigen kann, wenn man die Frage „Wie hast du begonnen?" beantworten will oder nimmt die Fernsehbilder von Spermien, die sich in eine Eizelle bohren, für denselben Zweck. Wir deuten auf die runzeligen, fahlen Leiber in den Särgen, wenn wir ausdrücken wollen, wie es wohl enden wird. Wir halten uns an das Materielle und Biologische, weil es sachlich erscheint, für alle sichtbar und damit verständlich ist, weil die Psyche kein Bild von sich machen kann, sondern aus Bildern besteht.

Doch auch was dazwischen passiert, steht der Psyche nicht näher. Sie ist nichts als ein produzierender Spiegel. All das, was sie sich erzählt, ist ihr äußerlich und im Grunde fremd und daher wird sie sich immer als Ausgestoßene in einer Welt finden, die sie doch so sehr liebt und hasst. Alles was sie an Charakter entwickelt, an Grenzen, in die sie sich einwohnen kann, verdankt sie den

196

Gelegenheitsursachen der Welt. Sie ist ein Medium voller mitverursachter Abdrücke der Dinge.

Wir bewegen unkontrolliert Ärmchen und Beinchen. Wir krabbeln durch die Wohnung, tollen mit anderen Kindern herum, erleiden die Schule mit unglaublichem Ernst. Wir arbeiten, verdienen Geld, geben es aus. Wir reparieren Fahrräder, wir streichen Wände, wir bauen ein Haus, wir schreiben Texte, sprechen billige und teure, gute und schlechte Worte, wir laufen, schwimmen, vögeln. Wir haben Kinder, die uns verlassen und ab und an besuchen. Wir sind krank und erholen uns, nehmen zu, nehmen ab, sind klug, sind dumm. Wir machen uns Sorgen. Wir sind glücklich. Wir fühlen. Wir fühlen was wir fühlen, aufgrund der Namen, die wir dafür haben. Wir trauern, weil wir von anderen gelernt haben, was Trauer genannt wird. Die Liebe und die Trauer sind die gleiche Wallung des Gemüts, umgeben von jeweils anderen Umständen und jeweils anderen Bezeichnungen, verziert mit unterschiedlichen Motivationen. Bilder, Worte und Engagement bilden die Grundelemente der Psyche. Die Bilder und Worte stammen nicht aus ihr. Bleibt nur das Engagement, all das Unerreichbare, das sie an sich ziehen und zerren läst.

Eine Möglichkeit, sich auf das eigene Dasein zu konzentrieren, ist es, die eigenen Hände zu betrachten. Die Psyche hat keine Hände, sie wird aber durch die Hände geformt. Das wirksamste Ding in der Welt ist der eigene Körper. Von ihm stammen die stärksten Bilder der Psyche, der unüberwindlichste und definierendste Rahmen. Vom Wachstum und Verfall seiner Fähigkeiten hat die Psyche ihr Gesicht.

Betrachte die Hände, deine spielenden Kinderhände, deine forschenden Jugendhände, deine zupackenden Erwachsenenhände, deine zittrigen Altershände. Dein Schicksal liegt in deinen Händen. Halte die Hände an dein Gesicht. Spüre wie dein Körper deine Seele formt!

Die Psyche strömt dahin. Ein glitzernder makelloser Strom, bestehend aus kleinen Bögen der Hinwendung, aus unzähligen sich wiederholenden winzigen Sehnsüchten, die einen kurzen Halt an Worten und Bildern finden, um erneut fortzustreben. Ein Strom, der aus einem Nichts kommt, das für ihn die Gestalt eines weinenden Säuglings hat und der auf ein Meer zuströmt, das wie ein alter, faltiger Greis in einem hölzernen Sarg liegt. Wenn manchmal wenige ihrer tausend Zungen an Widerständen lecken, für die weder Worte noch Bilder noch Verleugnungen zu finden sind, stellt sich die unlösbare Frage, ob die Psyche in diesem Moment ein Geheimnis der Welt oder sich selbst berührt. Da sie im Grunde nur sich selber kennt, ist es wahrscheinlich, dass sich für einen Moment eine Schleife gebildet hat, in der Form in Form geraten ist und die Sehnsucht sich selber findet. Sonst, wenn die Psyche meint, sie thematisiere sich selbst, erblickt sie doch nur die Bilder in ihrem Spiegel oder ein Bild, das einen Spiegel darstellt. Erst wenn das Engagement stumm und blind erscheint, trifft sie wirklich sich selbst.

Eine gefüllte Lücke entsteht, eine unbegreifbare Füllung der Sehnsuchtsbewegung. Es entsteht eine bedeutsame Erfahrung, die als tröstend gedeutet werden kann. Eine günstige Gelegenheit für eine Hoffnung spendende Interpretation hat sich aufgetan. Gott kann sich in die Psyche einnisten. Meist aber kommt statt seiner ein Bild von Gott, das die anderen der Psyche zuwerfen. Statt Gott, tritt die Kirche, tritt die Religion mit ihren prunkvollen Bildern in die goldene Lücke.

Auch der Zweifel kann Gott einladen. Der Zweifel wird sonst immer verdächtigt, Gott die Tür vor der Nase zuzuschlagen, den bequemen Trost von sich zu weisen, Gott als faustgrobe Antwort zu denunzieren. Dabei ist er es, der die dichte Bilderwelt lichten kann und Platz für die Vermutung eröffnet, dass da mehr sein muss. Wenn man an der Realität der Bilder zweifelt, und Bilder als bloße Bilder zu sehen beginnt, werden sie ein Stück weit durchsichtig und fallen zu einem bunten Regen herab, über dessen Wolkenquelle eine Sonne scheinen muss. Und wieder ist Platz für tröstende Interpretationen und erwartungsvoll steht die Kirche an der goldenen Pforte.

Das wohl relevanteste Problem, das wir haben, ist, dass wir nicht sterben wollen und wir nicht begreifen können, was Tod bedeutet. Immer wieder beten wir. Lachen über das Beten, schütteln den Kopf über diese Narrheit. Wir werden alt und beten wieder. Empfangen die Kommunion, die nichts anderes ist als die Verheißung, doch über sich hinausreichen zu können, ein Sehnsuchtsbild der Psyche, ein Irrlicht.

Autonomie und Steuerung

Das Ich ist ein Pulsar. Es verändert ständig seine Ausdehnung, es weitet sich aus und verschlingt äußere Bereiche, es reduziert sich wieder, besinnt sich auf einen angeblichen Kern und fällt in sich zusammen. Das Ich umfasst den Leib, umfasst die Heimat, den vertrauten Ort, umfasst sogar die anderen, die Familie, das Vaterland, immer mehr wird Teil der Identität; dann aber sinkt es wieder in sich zusammen, schließt die anderen aus, hält Zeiträume und Territorien fern, stößt den Leib ab und das Gehirn, reduziert sich auf die Psyche auf einen unbeschreibbaren Kern der inneren Psyche, allergisch gegen all die Anteile, die das Soziale, die die anderen in es hineingespuckt haben. Dabei klettert das Ich nicht auf konzentrischen Kreisen hinaus und wieder zurück. Die glatte Geometrie, Symmetrie und Harmonie liegt ihm nicht. Das Ich besteht vielmehr aus explodierenden Protuberanzen. Die Identität greift wild und je nach Laune in verschiedenste Richtungen und definiert zu sich hinzu, was ihr gefällt. Doch auch dieses Bild ist ungenügend, denn es macht das Ich zu einer Art Sonne, zum aktiven Kern, dabei ist es gerade all das nicht. Es klettert nicht hinaus, verschlingt nicht. Es ist nichts als eine Sandburg am Strand, an dem die Wellen lecken und Kinder mit und ohne Bewusstsein weitere Türmchen aufsetzen.

Auch unser Bewusstsein ist solch eine Sandburg. Wie durch Zauberhand entsteht eine Gestalt. Dunkle, unbekannt Kräfte haben sie geformt, sie in allen Details ausgestattet. Sie flüstern ihr zu und gaukeln ihr etwas vor. Sie lassen nicht los und bestimmen immerfort, wer sie ist und was ihr zur Verfügung steht. Sie soll eine Rolle spielen. Sie soll so tun, als ob sie frei wäre, sich selbst bestimmen könne. Sie soll meinen, sie löse Probleme. Irgendeinen Vorteil scheinen die Kräfte davon zu haben, warum sollten sie sonst dieses Theater machen?

Der Schriftsteller bestimmt den Charakter von Romanfiguren in allen Details. Jeder Buchstabe im Werk stammt von seinem Tippen auf der Tastatur. Aber dennoch leisten die Figuren Widerstand. Sie entwickeln etwas, das man ein Eigenleben nennen könnte. Sie sind Geschöpfe, die ein eigenes Spiel zu spielen beginnen. Alles was man erschafft, hat Konsequenzen und normalerweise kann man die Konsequenzen nicht überblicken. Dadurch wird das Spiel erst interessant. Die Figuren und ihre Konstellation erschaffen den Roman wie von selbst. Der Schriftsteller hat ein Labor erschaffen, eine Simulation der Wirklichkeit, die für ihn selbst und andere Lehrreiches produziert.

Eine neue Fähigkeit erobert einen neuen Lebensraum. Eine Lunge zum Atmen macht es möglich, den Kopf über Wasser zu halten. Mit entsprechenden Extremitäten wandert man an Land. Mit Flügeln erhebt man sich in die Lüfte. Komplexe Organismen kann man wie potenzielle Lebensräume auffassen. Sie selbst sind Landschaften mit bestimmten Lebensbedingungen. Wie erobert der Organismus sich selbst? Welche neue Fähigkeit, welches weitere Organ, muss dazu entstehen?

Es ist unmöglich, das Universum vollständig zu simulieren. Eine komplette Simulation müsste jedes darin enthaltene Elementarteilchen reproduzieren. Da die Simulation selbst Teil des Universums ist, wüchse es mit dem Vorhaben auf das Doppelte, was aber nicht möglich ist, da die vorhandene Materie begrenzt ist. Ganz davon zu schweigen, dass ein solch verdoppeltes Universum wiederum in der Simulation verdoppelt werden müsste und sich dieses Spiel des gegenseitigen Aufblähens ins Unendliche fortsetzte. Außerdem muss man sich als vernünftiger Mensch fragen, was man dadurch gewönne? Dasselbe nochmal mit genau dem gleichen Inhalt. Eine dumme Idee, in der Physik genauso wie in der Biologie.

Ein Organismus zur Steuerung eines Organismus in allen Details würde den Organismus verdoppeln, ohne wirklich einen höheren Grad an Selbststeuerung möglich zu machen. Noch mehr desselben ist nicht die Lösung. Etwas ihm Fremdes muss entstehen, das ihn besiedelt. Das Fremde muss aber zugleich sein Produkt sein und von ihm bestimmt werden, damit es kein gewöhnlicher Parasit ist, sondern ein Teil des Organismus selbst. Wahre Selbststeuerung heißt immer Fremdsteuerung durch einen Teil seiner selbst.

Ein Vorschlag: Falls du dein Leben wirklich in die Hand nehmen willst, mach keinen Plan, das ist nicht flexibel genug und wird sicher scheitern. Schreib einen Roman mit einer Hauptfigur, mit der du dich identifizieren kannst. Nimm sie dir zum Vorbild. Von mir aus kannst du auch mit ihr kommunizieren, sprich du und schreib dann die Antwort der Romanfigur auf ein Blatt Papier. Lass sie bestimmen! Natürlich ist es nur eine Illusion, dass sie wirklich über dich bestimmt. Du tippst in die Tastatur. Du hältst den Stift in der Hand. Aber es wird sich eine Dynamik entwickeln. Die Entscheidungen der Romanfigur erscheinen dir wohl begründet und spiegeln besser wider, was du eigentlich willst. Die Romanfigur kennt dich besser, als du dich selbst. Sie ist viel mehr als du die Person, die du sein willst. Diese Projektion, diese Marionette an Fäden, diese dünne Simulation, ermöglicht dir mehr Autonomie.

Mit einem ähnlichen Trick erschafft sich das neuronale System eine Figur, die es ihm ermöglicht, sich zu sich selbst zu verhalten. Eine Figur am Gängelband, ein eigenartiges Geschöpf, völlig abgehoben von physischen und biologischen Gegebenheiten und doch untrennbar damit verbunden. Die Natur schreibt sich ein Stück Kultur herbei. Eine Romanfigur, die durch das Buch der wirklichen Welt wandelt, eingebunden in einen Text, bestehend aus Worten und Bildern.

Aber warum nur eine Figur erfinden, wenn mit gleichem Aufwand viele möglich sind? Jede Situation verlangt nach einer anderen Entsprechung. Jede Ordnung benötigt einen anderen König. Ein Ich allein käme in der undurchschaubaren Welt nicht zurecht. Wie sollte es ausreichend flexibel sein, wenn es nur eines wäre? Also sind es viele, voneinander getrennt aber ineinander verschlungen. Königsfäden und Weltfäden bilden ein unentwirrbares Knäuel. Wer letztendlich wen regiert ist unklar.